大人だって本当は知らない

10才からの友だちとのつき合い方

監修
水島広子
精神科医

マンガ
小豆だるま

永岡書店

はじめに

わたしは、精神科医《せいしんかい》の水島広子《みずしまひろこ》といいます。精神科医《せいしんかい》、というのは「心《こころ》のお医《い》者《しゃ》さん」です。

わたしたちは、体《からだ》の調子《ちょうし》がよくないなと感《かん》じたら、今日《きょう》は早《はや》めにねよう、体《からだ》にやさしいものを食《た》べよう、と考《かんが》えたりしますよね。そうすることによって、カゼをひかないですんだり、カゼがひどくなるのを防《ふせ》いだりすることができますね。

もちろん、それでも熱《ねつ》が出《で》たり、体《からだ》の調子《ちょうし》がもっと悪《わる》くなったりすることもあります。予防《よぼう》できることばかりではないからです。調子《ちょうし》が本格的《ほんかくてき》に悪《わる》くなったら、お医者《いしゃ》さんに行《い》きますよね。もちろん、早《はや》めにお医者《いしゃ》さんに行《い》った方《ほう》が、こじらせることもなく早《はや》くよくなるのは、みなさんも知《し》っていると思《おも》います。

心《こころ》の調子《ちょうし》も、実《じつ》は体《からだ》の調子《ちょうし》と同《おな》じです。ちょっと気分《きぶん》が悪《わる》いな、不安《ふあん》だな、落《お》ちこんでいるな、と思《おも》うときは、体《からだ》の調子《ちょうし》と同《おな》じようにちゃんと向《む》き合《あ》った方《ほう》がよいのです。必要《ひつよう》だったらわたしたち「心《こころ》のお医者《いしゃ》さん」にかかってほしいし、そこまででなくても、まず、相談《そうだん》できそうな大人《おとな》に相談《そうだん》できると楽《らく》になるはずです。

「そのくらいがまんしなさい」という大人《おとな》はさけましょう。

熱《ねつ》があるときは、体温計《たいおんけい》で熱《ねつ》をはかれば、すぐにわかりますね。のどが痛《いた》い、おなかが痛《いた》い、というのもわかりやすいです。でも、心《こころ》は目《め》に見《み》えないものなので、なかなか気《き》づきにくいし、「がまんすればなんとかなるかな」と思《おも》ってしまいがちです。だから、まずは自分《じぶん》の気持《きも》ちに敏感《びんかん》になるようにするところから始《はじ》めましょう。いやだな、不安《ふあん》だな、と感《かん》じられる感性《かんせい》をみがくことは、人生《じんせい》の質《しつ》をすごく高《たか》めるのです。

10才前後《さいぜんご》のあなたたちはもう、大人《おとな》がカンペキではないということに気《き》づいているのではないかなと思《おも》います。大人《おとな》でも、まちがったり、機嫌《きげん》が悪《わる》いときがあったり、悪口《わるくち》を言《い》ってしまったりするときがあります。そして、そういう態度《たいど》に傷《きず》つくのは、大人《おとな》も子《こ》どもも同《おな》じです。

この本《ほん》では、そんなときに、自分《じぶん》や相手《あいて》の気持《きも》ちと向《む》き合《あ》うための手《て》がかりを説明《せつめい》しています。読《よ》みながら、「じゃあ、自分《じぶん》の立場《たちば》だったらどうする？」「相手《あいて》はどんな気持《きも》ちだった？」ということを想像《そうぞう》してみましょう。

答《こた》えはすぐ出《で》なくてもかまいません。正解《せいかい》がない場合《ばあい》もあります。みなさんが、いろいろなことを感《かん》じたり考《かんが》えたりしながら、よい友《とも》だちに恵《めぐ》まれて、将来《しょうらい》すてきな大人《おとな》になることを願《ねが》っています。

まりんちゃんとそらくんって、双子《ふたご》なのに顔《かお》も性格《せいかく》もにてないよね。
うん にてない
そらはいつも、教室《きょうしつ》では静《しず》かに本《ほん》を読《よ》んでるけど、わたしはすぐさわいじゃう。
ふしぎだよねえ。
双子《ふたご》なのに、ぜんぜんちがうんだよね。
その点《てん》さ、わたしたちって、好《す》きなマンガも、好《す》きなドラマも同《おな》じだし。この前《まえ》なんて、ぐうぜん同《おな》じハンカチだって持《も》ってたよ。
気が合う
うん！それは…友《とも》だちだから？
そっかあ！
もわ
もわ
もわ〜ん

ぼわん
さて、では ここで問題《もんだい》！「友《とも》だち」って何《なん》だと思《おも》う？
ギャッ
てか、だれーーー!?
えっ、このボク、キッキーのことがわからないの？今《いま》までずーっといっしょにいたのに！
きっと、10才《さい》になったから見《み》えるようになったんだね。
ま、それはともかく
友《とも》だちは、兄弟《きょうだい》じゃない、家族《かぞく》じゃない、でも好《す》きなものがにてる子《こ》！
おさななじみのたいきくんかなあ？
いつもおしゃべりできる子《こ》！
あれ？じゃあ、あの子《こ》は友《とも》だち？
ブツ
ブツ
あの子《こ》は、友《とも》だちじゃない!?
ヴン！
きみは友《とも》だちって何《なん》だと思《おも》う？

きみは、こんな疑問《ぎもん》がないかな？
仲良《なかよ》くなりたい子《こ》がいたらどうする？
☞30ページ
これぞ
なんで、すぐおこっちゃうんだろう…
☞90ページ
0点《てん》
本当《ほんとう》は自分《じぶん》のこんなところがイヤ！
☞62ページ
もうだいじょうぶ！
ぼくが、友《とも》だちどうしのあんなこととか、こんなこととかをいっしょに考《かんが》えてあげる！
ほらほら見《み》てごらーん

さっそく、考《かんが》えていこう！
仲直《なかなお》りの仕方《しかた》がわからない
120ページ
仲間外《なかまはず》れにされたらどうしよう… 129ページ
ピーマンおいしいよねー
私《わたし》はキライ
お金持《かねも》ちでうらやましいなあ 78ページ
いいな
何《なん》でそんなことするの!? 126ページ
ハナクソつけないでよ！
この本《ほん》を読《よ》めば
考《かんが》え方《かた》のヒントになる言葉《ことば》だよ
自分《じぶん》の気持《きも》ちを見《み》つめてみよう
アドバイスを参考《さんこう》にしてみて！
答《こた》えを書《か》きこんでもいいよ！
そっか!!
なるほど

もくじ

この本《ほん》に出《で》てくる子《こ》たち

みき

まりんのいちばんの友《とも》だち。やさしくて植物《しょくぶつ》が好《す》き。

さくら

責任感《せきにんかん》が強《つよ》くて負《ま》けずぎらい。面倒《めんどう》見《み》がいい。

りく

ほかの県《けん》からの転校生《てんこうせい》。マンガが好《す》き。

そら

まりんと双子《ふたご》。物静《ものしず》かなのんびりやさん。宇宙《うちゅう》に興味《きょうみ》がある。

まりん

そらと双子《ふたご》。元気《げんき》で明《あか》るくて、ちょっとせっかち。

ひかる

いつも冷静《れいせい》に周《まわ》りを見《み》ている。動物《どうぶつ》が大好《だいす》き。

もやさん

もやもやした気分《きぶん》になると、とりつかれる!?

キッキー

まりんとそらとくらす、ナゾのおさるさん。

たいき

そらの親友《しんゆう》。超人級《ちょうじんきゅう》の運動神経《うんどうしんけい》の持《も》ち主《ぬし》。

PART 1

友《とも》だちって何《なん》だろう

友《とも》だちって何《なに》？
4年生《ねんせい》
最初《さいしょ》の日《ひ》
キーン
コーン
カーン
コーン
きみたちは、4年《ねん》1組《くみ》の仲間《なかま》です。これから一年間《いちねんかん》、友《とも》だちどうし仲良《なかよ》くがんばっていきましょう。
さよーなーらー!!
みきちゃんと同《おな》じクラスになれなかったな。
このクラスで友《とも》だちできるかな。
わたし、さくら！同《おな》じクラスになるの初《はじ》めてだね。よろしくね。今日《きょう》、いっしょに遊《あそ》ぼうよ！
え!?
あ…えっと…

あのね、いつも
2組《くみ》になった
みきちゃんと
遊《あそ》んでるんだ。
そっかあ。
じゃあ、
また今度《こんど》ね！
バイバイ
放課後《ほうかご》
みきちゃん、
あーそーぼ！
まりんちゃん!!
同《おな》じクラスの
友《とも》だちと遊《あそ》ぶから、
今日《きょう》は遊《あそ》べないの。
3年生《ねんせい》の
ときは、
いっしょに
遊《あそ》んでたのに…。
クラスがちがったら
もう友《とも》だちじゃないのかな？
あれ？ いつも遊《あそ》ぶのが
友《とも》だち？ ん？？
トボトボ
た〜だ〜い〜ま〜
もや
もや
そら、キッキー、
友《とも》だちって
何《なん》だろね？
わあっ！
たいへん

きみにとって、友《とも》だちとは？？

1万人《まんにん》に聞《き》きました！
ウソ！ ホントは6人《にん》
いつもおしゃべりできる子《こ》だよ！
みきちゃん
おさななじみのたいきくん。すっごく気《き》が合《あ》うんだ。
そらくん
いっしょに帰《かえ》ったり遊《あそ》んだりする子《こ》だよ。
さくらちゃん
友《とも》だちはオレ様《さま》のためにいる！
ごうまんたろうくん
なやみを話《はな》せる人《ひと》かな。
まりんとそらのお母《かあ》さん
昔《むかし》、野球《やきゅう》チームでいっしょにあせを流《なが》した仲間《なかま》だ。
まりんとそらのおじいちゃん
え!?

こんな人《ひと》にも聞《き》いてみました

エルバート・ハバード（作家《さっか》）

友人《ゆうじん》とは、あなたについてすべてのことを知《し》っていて、それにもかかわらずあなたを好《この》んでいる人《ひと》のことである。

友《とも》だちが、自分《じぶん》のことをわかっていてくれたらうれしいよね！

ロマン・ロラン（小説家《しょうせつか》）

わたしは、世界《せかい》に二《ふた》つの宝《たから》を持《も》っていた。わたしの友《とも》と、わたしのたましいと！

ピンときた言葉《ことば》はあった？ふたりはどう思《おも》う？
ロランさんの言葉《ことば》、何《なん》かかっこいい！
ぼくにとって「友《とも》だち」は、うーん、そうだなあ…。

きみにとって、友《とも》だちってどんなもの？

クラスメートは、み〜んな友《とも》だち？

2組《くみ》の先生《せんせい》もさ、「クラス全員《ぜんいん》と仲良《なかよ》くね」だって…。ぼくにはむりだよ、人見知《ひとみし》りだしさ。
それで、もやもやしてるの？
もや〜ん
うん。
「友《とも》だち」といっても、いろんな友《とも》だちがあるよ。
たとえば、クラスメートは友《とも》だちだけど、いっしょに勉強《べんきょう》したり、運動会《うんどうかい》などの行事《ぎょうじ》を作《つく》り上《あ》げる「仲間《なかま》」ともいえるよね。

周《まわ》りにいるたくさんの子《こ》たちの中《なか》で「いっしょにいると楽《たの》しいな」「もっといっしょに遊《あそ》びたいな」と思《おも》えるような、気《き》の合《あ》う子《こ》と親《した》しくなっていけばいいんだよ。
この子《こ》もぼくの友《とも》だち…

クラスメート
いっしょに勉強《べんきょう》したり、
行事《ぎょうじ》に参加《さんか》したりする仲間《なかま》
近所《きんじょ》の子《こ》
小《ちい》さいころから知《し》っている仲間《なかま》
習《なら》い事《ごと》が同《おな》じ子《こ》
いっしょに空手《からて》を習《なら》う仲間《なかま》
同《おな》じじゅくに通《かよ》っている子《こ》
○○塾
いっしょに勉強《べんきょう》をする仲間《なかま》

ひとりって、さびしいの？

休《やす》み時間《じかん》
キーンコーンカーンコーン
この本《ほん》、あとちょっとで読《よ》み終《お》わるんだよな。
外《そと》、いこうぜ！
ガヤガヤ
ガヤガヤ
!!
ポツン…
わー
わ
わー
あれ？ぼくだけひとりだ。
何《なん》かみんな楽《たの》しそう…。ぼく、声《こえ》かけられてないや。
もわん
あれあれ、だいじょうぶ？みんなは休《やす》み時間《じかん》をどんなふうにすごしているのかな？

アンケート
発表《はっぴょう》！

休《やす》み時間《じかん》、どんなふうにすごしている？

外《そと》で友《とも》だちと遊《あそ》ぶ
13人《にん》
教室《きょうしつ》でおしゃべりする
10人《にん》
図書室《としょしつ》へ行《い》く
6人《にん》
他《ほか》の教室《きょうしつ》へ行《い》く
2人《ふたり》
ひとりで本《ほん》を読《よ》む
2人《ふたり》

大勢《おおぜい》で遊《あそ》ぶのが好《す》きな子《こ》もいれば、少人数《しょうにんずう》で遊《あそ》ぶのが好《す》きな子《こ》もいるし、ひとりですごすのが好《す》きな子《こ》もいる。みんなそれぞれでいいんだ。

そっか、いつもはたいきくんが声《こえ》をかけてくれてるんだ！今日《きょう》はたいきくん、お休《やす》みだったから…。
じゃあ今度《こんど》は、そらがたいきくんをさそってみたらどうかな？
そうだね。そうしてみようかな。でも、ふだんはいいんだけど、ケンカするとひとりになりたくなっちゃうんだよなあ。
自分《じぶん》が
よくわからない…
そういうふうに感《かん》じるのも、自然《しぜん》なことだよ。
ひとりですごす時間《じかん》も、友《とも》だちとすごす時間《じかん》も、どっちも大切《たいせつ》な時間《じかん》なんだ。

ひとりがいいなって思《おも》うのは、どんなとき？

友《とも》だちがいてよかったなって思《おも》うのは、どんなとき？

友《とも》だちって、たくさんいるほうがいい？

ハッピバースデー
ゆきなちゃ〜ん
ゆきなちゃん、お誕生日《たんじょうび》おめでとう！
おめでとう！
来《き》てくれてありがとう。ゆきな、すっごくうれしい。
さすが、人気者《にんきもの》のゆきなちゃん。お友《とも》だちがいっぱいだなあ。
プレゼントどうぞ
キャ
キャッ

わたしのお誕生日会《たんじょうびかい》のときは、ゆきなちゃんに負《ま》けないくらい、もーっとたくさん友《とも》だちをよぶわ！
プイッ
さくらちゃんは負《ま》けずぎらいだねえ。
でもさ、友《とも》だちの数《かず》って多《おお》いほうがいいのかな？
うーん。わたしは動物《どうぶつ》の友《とも》だちがたくさんいるから、それで楽《たの》しいよ。
そ・そうなんだ・・・
ひかるちゃんの友《とも》だちは動物《どうぶつ》かあ。そらは、たいきくんがいればそれでいいって言《い》ってたなあ。
もやっ

あれえ？　まりん、もしかしてもやっとしてる？
ひょこっ
うん…。
もや～ん
友《とも》だちって多《おお》ければ多《おお》いほどいいのかなって思《おも》って…。
人数《にんずう》よりも、わかり合《あ》える友《とも》だちがいることのほうが大切《たいせつ》なんじゃないかな？
そうだよね。数《かず》は関係《かんけい》ないよね。
じゃあ、わたしは、わかり合《あ》える友《とも》だちを作《つく》る～！
ケーキ食《た》べるぞー
おたがいが、自分《じぶん》らしくいられる友《とも》だちができるといいね。
叶恭子《かのうきょうこ》（ライフスタイルプロデューサー）
みせかけの友《とも》だちを一〇〇人《にん》得《え》ることよりも、たとえ、たった自分《じぶん》ひとりでも満《み》ち足《た》りた時間《じかん》を持《も》てることのほうが、大人《おとな》になるプロセスにおいては一〇〇倍《ばい》も大切《たいせつ》なことです。
『叶恭子の知のジュエリー12カ月』（理論社）

どんな子《こ》だったら仲良《なかよ》くなりたい？

Q
質問《しつもん》で～す！
きみは、どんな子《こ》と
親《した》しい友《とも》だちに
なりたい？
スラ
スラ
スラ～
勉強《べんきょう》ができる子《こ》
おもしろい子《こ》
おしゃれな子《こ》
いらっしゃい
お金持《かねも》ちの子《こ》
スポーツが得意《とくい》な子《こ》

好《す》きなものが同《おな》じ子《こ》
キャー
キャー
やさしい子《こ》
ミャー
なー!!
それな!
話《はなし》が合《あ》う子《こ》
だいじょうぶ?
こまっていたら
助《たす》けてくれる子《こ》
うんうん
わかるよ
気持《きも》ちを
わかってくれる子《こ》
うーん、そうだなあ。

いろんな子《こ》がいるね。
ぼくは、好《す》きなものがにている子《こ》がいいな。
きょうだいだって、同《おな》じ性格《せいかく》の子《こ》はいないよね？
キッキー姉《あね》
金子みすゞ《かねこみすず》（詩人《しじん》）
みんなちがって、みんないい
同《おな》じ人《ひと》は、ひとりとしていないし、得意《とくい》なこともステキなところも全部《ぜんぶ》ちがっている。その「ちがっているのがいい」よねっていうこと！
おたがいのちがいをわかり合《あ》える友《とも》だちがいたら、サイコーだね！

きみは、どんな子《こ》と仲良《なかよ》くなりたい？

キッキーが思《おも》う、
友《とも》だちって
どんな子《こ》のこと？

いっしょにすごす時間《じかん》が
楽《たの》しい子《こ》かなあ。

自分《じぶん》のいいところを見《み》つけてくれて、
自分《じぶん》のだめなところをだめって
言《い》ってくれる子《こ》かなあ。

でも、答《こた》えは一《ひと》つじゃないよ。
きみはどう思《おも》う？

あの子《こ》と友《とも》だちになりたい！
あっ、転校生《てんこうせい》のりくくんだ。
あ…
もしや、あれは⁉
「ゴーゴーボール」のキーホルダー‼
りくくんもゴーゴーボール、好《す》きなのかなあ。
ぼくも大好《だいす》きなんだよおっ。
うわあ、この前《まえ》の必殺技《ひっさつわざ》の話《はなし》とかしたいなあ。
チラ
ほらほら、ぼくも持《も》ってるんだよ！
チラ チラ
GOGO《ゴーゴー》ポーズ‼
ぜんぜん気《き》づいてもらえません…。
行《い》っちゃった…

もややや〜ん
こんなとき、どうすればいいの…。教《おし》えて、キッキー様《さま》!!
はっ
どこかで、ぼくをよぶ声《こえ》が!
勇気《ゆうき》を出《だ》して、自分《じぶん》から話《はな》しかけてみようよ。最初《さいしょ》に、あいさつをしてみるのはどう?
あっ、そらか。
次《つぎ》の日《ひ》
おはようー
おっ、おはよう。りくん、ゴーゴーボール好《す》きなの?
ドキドキ
おはよ。ゴーゴーボール大好《だいす》きだよ。もしかして、そらくんも?
やった!

話《はな》しかけたいけど、どんなことを話《はな》せばいいの？

さくらちゃん…
理科
みんなと楽《たの》しそうだなあ。
もやん
前《まえ》にさくらちゃんにさそわれたの、ことわっちゃったから話《はな》しかけづらいなあ。
う、う…
なんて話《はな》しかけたらいいのかしラ～ララ～。
またもやもやおばけ
まりん、こっち見《み》て！勇気《ゆうき》を出《だ》して話《はな》しかけてごらんよ。
もやもやもや
ありゃ！
もう、しょうがないなあ。
ゴソ
ゴソ

相手《あいて》と自分《じぶん》の共通点《きょうつうてん》をさがせ！

- 家《いえ》が近《ちか》いなら！
- 好《す》きなスポーツチームが同《おな》じなら！
- 同《おな》じじゅくに通《かよ》っているなら！
- 好《す》きなアイドルが同《おな》じなら！
- 同《おな》じアニメを見《み》ているなら！

放課後《ほうかご》いっしょに遊《あそ》ばない？
昨日《きのう》の試合《しあい》、勝《か》ったね。
算数《さんすう》の先生《せんせい》おもしろいよね。
かっこいいよね～。
昨日《きのう》、見《み》た？

友《とも》だちになりたい子《こ》がいたら、こんな共通点《きょうつうてん》を見《み》つけて話《はな》しかけてみよう。チャンスをのがすな！
これならできそう！

話《はなし》の輪《わ》を作《つく》ろう!

ピポーン
そらの家《いえ》
あーそーぼっ。
空手《からて》の先生《せんせい》が、お前《まえ》のことほめてたぞ。
えっ、ほんと?
うれしい! 最近《さいきん》、がんばってたんだよ。
じーっ
すごく姿勢《しせい》がよくなったって!
あれ? りくくん、ずっとだまっているな。
ズズー
・・・
つまらないのかな。どうしたのかな。
どうしよう…!?
もやーん
キッキー、助《たす》けて〜。
のみこまれる〜

よんだ?
おやつ中《ちゅう》だったんだけど…
りくくんが ぜんぜん 話《はな》さないんだ。
ツマラナイノ カモネ。
やっぱり…?
だって、そらと たいきくんにしか わからない 話《はなし》ばかり しているよ。
キッキーからの提案《ていあん》はこちら!
● その場《ば》にいる全員《ぜんいん》がわかる話《はなし》をする
● 話《はな》していない子《こ》に質問《しつもん》してみる
● 全員《ぜんいん》でできる遊《あそ》びをしてみる
何人《なんにん》かで話《はな》すなら、 みんながわかる 話《はなし》をしよう。
何人《なんにん》かで遊《あそ》ぶなら、 みんなが楽《たの》しく できることをしよう。
きのうの ゴーゴー ボール見《み》た?
見《み》た、 見《み》た!
オレもー。

自分《じぶん》の話《はなし》ばかりしていない？

さくらちゃんとも仲良《なかよ》くなれたし、いまのクラスも楽《たの》しいな〜。
あっ、みきちゃん、おはよー。きのうのドラマ見《み》た？
おはよー
うん！それね…
すっごくおもしろかったよ。超特快《ちょうとっかい》のレオが出《で》てるんだけ なんとライオンのカッコしてて さあ。かっこいいんだけどお笑《わら》いもいけるっていうか……
みきちゃんは、見《み》た？
見《み》たんだけ……
そうしたら、レオが突然《とつぜん》がけから落《お》ちちゃったでしょ！もうびっくりしちゃってさ〜。
そうそう、わた……
ね、楽《たの》しかったよね!! 来週《らいしゅう》はどうなるかな〜。
ねーねー
〜〜〜
もう!!
ドカーン
まりんちゃんばっかり!!

ピピーッ
イエローカード
まりん、それじゃ、みきちゃんもおこっちゃうよ。
ええっ、なんでよお。
まりんちゃんばっかり話《はな》しすぎだよ！
むぅ〜っ
コクコク
そのとおり！まりんが話《はな》したいように、みきちゃんも話《はな》したいんだよ。
会話《かいわ》では、キャッチボールが大事《だいじ》だよ。
キッキーからの提案《ていあん》はこちら！
●かわりばんこに話《はな》そう
●相手《あいて》の話《はなし》をよく聞《き》こう
●相手《あいて》があまり話《はな》さない子《こ》だったら、「〇〇ちゃんは？」って質問《しつもん》してみるのもいいよ
ごめんね。わたしばっかり話《はな》しちゃってた。
うん、仲直《なかなお》り！

相手《あいて》の話《はなし》をちゃんと聞《き》いてる？

では、この問題《もんだい》をといてみましょう。
あーあ、何《なん》か気《き》になるなあ。
みきちゃんはゆるしてくれたけど……。
まりんちゃんばっかり!!
「会話《かいわ》のキャッチボール」かあ。
もやっ
相手《あいて》の話《はなし》をよく聞《き》くって、どうすればいいんだろ？
ぜんぜんわかんない…。
キッキー道場《どうじょう》

ぽわんっ
そこでおなやみのあなた！この道場《どうじょう》に入門《にゅうもん》すれば即解決《そくかいけつ》ですぞ！
キッキー!?
何《なん》でそんなカッコしてんの？
まあまあ、とりあえずこれを着《き》て。
わあっ
押《お》忍《す》
むんっ
師匠《ししょう》、相手《あいて》の話《はなし》をよく聞《き》くってどうすればいいんですか？
はぁぁ
ふむふむ、それは大人《おとな》でもむずかしいワザじゃ。
しかーし！おぬしには教《おし》えてやろう。特別《とくべつ》じゃぞ。

話《はなし》を聞《き》く 極意《ごくい》 その❶

相手《あいて》のほうを向《む》いて聞《き》く。

よそ見《み》していると、相手《あいて》は自分《じぶん》の話《はなし》に興味《きょうみ》がないんだなと思《おも》ってしまうよ。

話《はなし》を聞《き》く 極意《ごくい》 その❷

相手《あいて》が話《はな》し終《お》わるまで、話《はな》し出《だ》さない。

相手《あいて》が話《はな》しているのに、話《はな》し始《はじ》めちゃだめ！

話《はなし》を聞《き》く 極意《ごくい》 その3

うなずいたり、あいづちをうったりする。

ボーッと聞《き》かれたら、相手《あいて》は悲《かな》しくなっちゃうよ。

うんうん

以上《いじょう》の極意《ごくい》をためしてみるのじゃ！
なるほど〜。メモメモっと。
ぱちっ
まりんさん？先生《せんせい》のほうを向《む》いて聞《き》いてくださいね！
はいいぃっ

気持《きも》ちは言葉《ことば》で伝《つた》えよう!

ふたりだけのとき
おーい
そら
ターーン
おっはよー。
たいきくん、今日《きょう》も元気《げんき》だね〜。
ほかの人《ひと》もいるとき
そらターーン
今日《きょう》、いっしょに帰《かえ》ろう
ぜ
ビクッ
プイッ
れ?
そら
ターーン!
ぎゃー、みんなの前《まえ》でそらタン!ってよぶのやめてよ。
スタ スタ スタ スタ スタ スタ
はずかしいのに。
今日《きょう》!いっしょに!
そらターーン!オレのバク転《てん》、いまいちだったかー?

どうして、たいきくんに
返事《へんじ》しなかったの？

そらタンって、ようちえんのときの
あだ名《な》なんだよ。子《こ》どもっぽくって
はずかしいから、みんなの前《まえ》で
よんでほしくないの。

ええ〜！　それは、たいきくんに
言葉《ことば》で言《い》わないと伝《つた》わらないよ。

え？　ぼくはこんなにいやなのに、
わからないの？

もちろん！　どんなに仲《なか》が良《よ》くても、
相手《あいて》の考《かんが》えていることや気持《きも》ちは、
わからないこともあるよ。

ムシして帰《かえ》ってきちゃった…。
たいきくん、ごめん。

自分《じぶん》の気持《きも》ちは、言葉《ことば》で伝《つた》えよう！
気持《きも》ちを言葉《ことば》にすることで、初《はじ》めてわかってもらえるようになるよ。
いやなことや、こまることがあったとき、
だまる
なく
あばれる
これでは、相手《あいて》には伝《つた》わらないよ。
そして、相手《あいて》の言葉《ことば》もしっかり聞《き》くようにしよう。
言葉《ことば》で伝《つた》えてわかり合《あ》おうとすると、その子《こ》との仲《なか》がどんどん深《ふか》まっていくよ。
さっきはムシしてごめん。みんなの前《まえ》でそらタンってよんでほしくないんだ。
そうだったのか、ごめんな。これからは「そら」ってよぶよ。
オレのこと、「たいき」ってよんでいいぜ！

友《とも》だちを作《つく》ること、
キッキーはどう思《おも》う？

友《とも》だちがほしいなって思《おも》うなら、
勇《ゆう》気《き》を出《だ》して話《はな》しかけてみて！

となりの席《せき》の子《こ》、
いっしょの係《かかり》になった子《こ》。
いつの間《ま》にか友《とも》だちに
なっているよ！

でも、答《こた》えは一《ひと》つじゃないよ。
キミはどう思《おも》う？

いろんな子《こ》、集《あつ》まれ！
わたし、アイドルグループの超特快《ちょうとっかい》が大好《だいす》きなんだよね。
わたしも好《す》き。超特快《ちょうとっかい》ってさ、かっこいいのにおもしろいよね。
特《とく》にリーダーのレオくん！みきちゃんもでしょ？
あ、わたしはダイヤくんが好きなんだ。ダイヤくん最高《さいこう》！
!?
え〜っ
ダイヤくんって、お笑《わら》いキャラじゃん!!
おもしろいけど、かっこよくはないよね！
みきちゃんも、レオくんが好《す》きって言《い》ってくれると思《おも》ったのに…。

みきちゃんとは、好《す》きなメンバーもいっしょだと思《おも》ってたなあ。
もや
もや
何《なん》でいっしょだって思《おも》ったの？友《とも》だちだから？
はい ジュース
うん、仲良《なかよ》しだもん。よく見《み》るテレビも同《おな》じだし。
はーい、お助《たす》け隊長《たいちょう》、キッキーです！
仲良《なかよ》しだからって、何《なん》でも同《おな》じってことはありえないよ。みんな、一人《ひとり》ひとりちがうんだから。
一人《ひとり》ひとりちがう？
だけど、みきちゃんとは同《おな》じ学年《がくねん》で、同《おな》じテレビが好《す》きで、同《おな》じアイドルが好《す》きで……こーんなに好《す》きなものが同《おな》じなんだから、
考《かんが》えることだって同《おな》じになるんじゃない？

きみの周《まわ》りには、どんな子《こ》がいる?

みき

ひとりっこ。団地《だんち》に住《す》んでいる。ねこが好《す》き。超特快《ちょうとっかい》のダイヤくんが好《す》き。虫《むし》が苦手《にがて》。

まりん

そらと双子《ふたご》の女《おんな》の子《こ》。泳《およ》ぐのが好《す》き。超特快《ちょうとっかい》のレオくんが好《す》き。せっかち。

さくら

お兄《にい》ちゃんがいて、負《ま》けずぎらいなところがある。学級委員《がっきゅういいん》。フルートを習《なら》っている。

ひかる

ふたり姉妹《しまい》の妹《いもうと》。一《いっ》けん家《や》に住《す》んでいる。犬《いぬ》とねこのほかに、カメレオンと熱帯魚《ねったいぎょ》をかっている。

たいき

そら

両親《りょうしん》、おばあちゃん、姉《あね》の５人家族《にんかぞく》。家《いえ》がスーパーマーケットを経営《けいえい》している。いつも元気《げんき》な人気者《にんきもの》。

まりんと双子《ふたご》の男《おとこ》の子《こ》。家《いえ》の中《なか》で遊《あそ》ぶのが好《す》き。マイペース。空手《からて》を習《なら》っている。早起《はやお》きが苦手《にがて》。

そっか〜。一人《ひとり》ひとり、こんなにちがっているんだね。
ぼくたちは双子《ふたご》だけど、見《み》た目《め》も性格《せいかく》もあんまりにてないよね。
自分《じぶん》と同《おな》じ人《ひと》なんて、一人《ひとり》もいないんだよ。ちがっていて当《あ》たり前《まえ》。
まりんはまりん、そらはそらなんだ。

りく

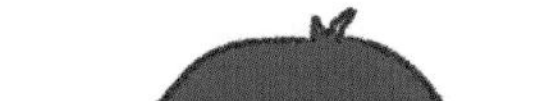

長男《ちょうなん》で弟《おとうと》が２人《ふたり》いる。ゴーゴーボールが好《す》き。転校《てんこう》が多《おお》い。弟《おとうと》のめんどうをよくみる、しっかり者《もの》。

世界中《せかいじゅう》の子《こ》も、集《あつ》まれ～!!

こんにちは
日本《にほん》
きみは、日本《にほん》はどんな国《くに》だと思《おも》うかな？
ハロー
Hello
アメリカ
世界中《せかいじゅう》にお店《みせ》がたくさんある、マクドナルドが生《う》まれた国《くに》！
ボア タージ
(ポルトガル語《ご》)
Boa tarde
ブラジル
日本《にほん》から見《み》ると、ちょうど地球《ちきゅう》の反対側《はんたいがわ》にあるよ。お祭《まつ》りがさかんな国《くに》なんだ。

ズ、ズドラースト、ヴィ？
ズドラースト、ヴィチェ！
ボアタージ！いろんな言葉《ことば》があるね。
ちがうのは言葉《ことば》だけじゃないよ。

ボンジュール
Bonjour
フランス
フランス料理《りょうり》は、世界《せかい》三大料理《さんだいりょうり》のひとつだよ。
ズドラーストヴィチェ
Здравствуйте
ロシア
世界《せかい》でいちばん面積《めんせき》が広《ひろ》い国《くに》！
ニイハオ
你好
中国《ちゅうごく》
世界《せかい》でいちばん人口《じんこう》が多《おお》い国《くに》！
フジャンボ（スワヒリ語《ご》）
Hujambo
ケニア
サバンナには、ライオンやシマウマなどの野生動物《やせいどうぶつ》がいる！
食《た》べる物《もの》も、住《す》んでいる家《いえ》も、習慣《しゅうかん》も、みーんなちがうんだ。
つ、ま、り！
文化《ぶんか》がちがって、考《かんが》え方《かた》もちがうってことだよ。
へえ〜っ

人《ひと》によって考《かんが》えは、それぞれちがう

考《かん》えることも、思《おも》うこともみんなちがっているよ。たとえば、このいちごを見《み》て、きみはどんなふうに思《おも》うかな？
いちごは、野菜《やさい》の仲間《なかま》でもあるんだって。
いちご百個《ひゃっこ》食《た》べたい！
わたしは、いちごよりぶどうが好《す》き。
まっかでおいしそう！
そういえば、いちごプリンが冷蔵庫《れいぞうこ》にある。
いちごのつぶつぶが苦手《にがて》だあ。

みんなバラバラなんだなあ。
そうだね。同《おな》じいちごを見《み》ても、思《おも》うことはちがうんだね。
それが自然《しぜん》！

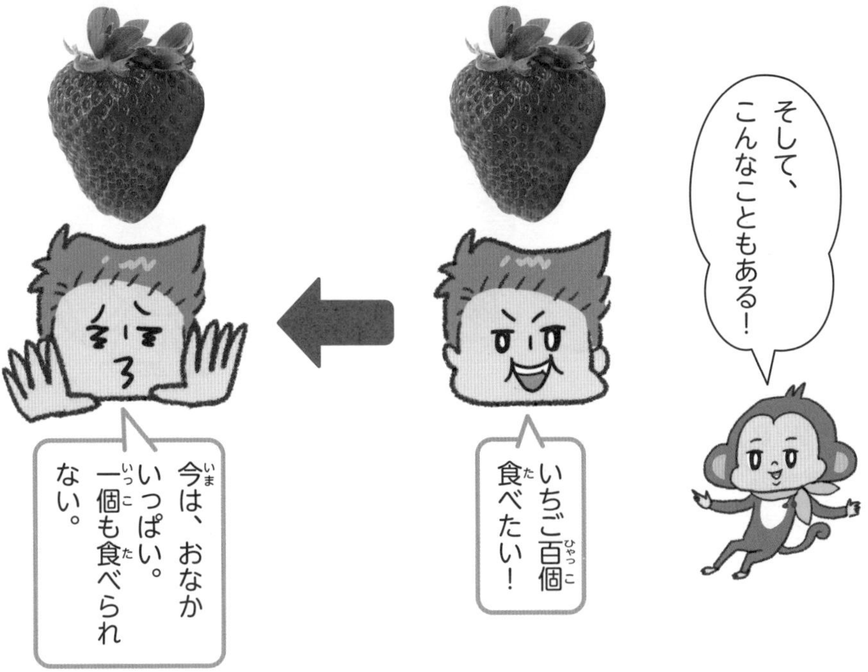
そして、こんなこともある！
いちご百個《ひゃっこ》食《た》べたい！
今《いま》は、おなかいっぱい。一個《いっこ》も食《た》べられない。

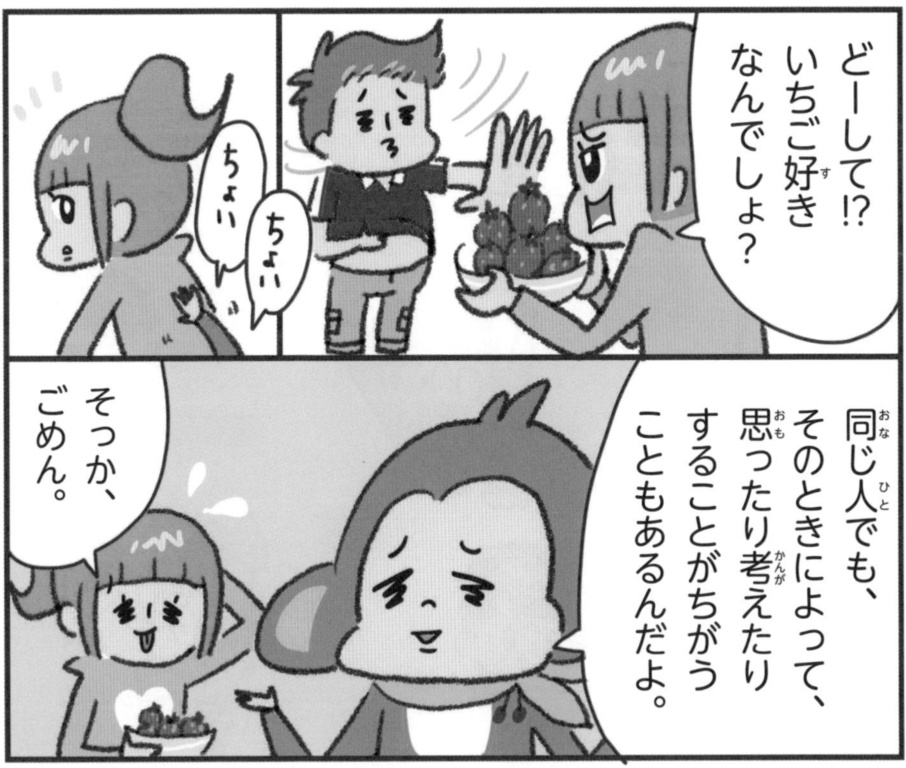
どーして⁉いちご好《す》きなんでしょ？
ちょい
ちょい
同《おな》じ人《ひと》でも、そのときによって、思《おも》ったり考《かんが》えたりすることがちがうこともあるんだよ。
そっか、ごめん。

いろんな気持《きも》ちって、どんな気持《きも》ち？

毎日楽《まいにちたの》しい気持《きも》ちですごしたいなあ。
でも、楽《たの》しくないときもあるんだよねえ。
しかられたり、うまくいかなかったりすると、いや〜な気分《きぶん》になる…。
そう。だれでも、いい気持《きも》ちといやな気持《きも》ちの両方《りょうほう》を持《も》っているんだ。
みんなの中《なか》にある、そんな気持《きも》ちを、全部大事《ぜんぶだいじ》にしてみよう。
えぇ!?
いやな気持《きも》ちも!?
ええ〜っ、どうやって？
もやもや
何《なに》かを感《かん》じたときに、それがどういう気持《きも》ちなのか、自分《じぶん》でわかるようになってほしいんだ。
ドキリ
むちゃなこと言《い》われて、わたしいま、イラッとしてる。
ぼく、とまどってる…!?
自分《じぶん》の気持《きも》ちを大事《だいじ》にできるようになると、友《とも》だちの気持《きも》ちも考《かんが》えられるようになるよ。想像《そうぞう》してごらん〜♪
Let's《レッツ》 imagine《イマジン》!

きみは、自分《じぶん》の気持《きも》ちに気《き》づけていると思《おも》う？

みんながちがっていること、きみはどう思《おも》う?

なんでそうなの!?
まりんがおかしい!

ちがうから、
けんかをしちゃう?

ちがうから、
おもしろい?

私《わたし》が悪《わる》かったよ

ちがうから、
相手《あいて》の気持《きも》ちに
なってみたりする?

ほんと!!

ちがうから、
世界《せかい》が広《ひろ》がるかも?

ちがうと
「なんで？」
って思《おも》う？

ちがうと
わかり合《あ》えないのかな？

ちがうと
はらが立《た》つ？

ちがっていても、
気《き》にしない？

ちがっているのが
当《あ》たり前《まえ》？

新渡戸稲造《にとべいなぞう》（教育者《きょういくしゃ》・思想家《しそうか》）

人間《にんげん》は、それぞれ考《かんが》え方《かた》やものの見方《みかた》がちがうのが当然《とうぜん》である。そのちがいを認《みと》め合《あ》い、受《う》け入《い》れられる広《ひろ》い心《こころ》を持《も》つことが大切《たいせつ》。

わが友《とも》よ！

友情《ゆうじょう》にまつわる名言《めいげん》

アリストテレス（哲学者《てつがくしゃ》）
友《とも》は第二《だいに》の自己《じこ》である。

シェイクスピア（劇作家《げきさっか》）
人《ひと》の傷《きず》を見《み》て笑《わら》うのは、
傷《きず》のいたみを知《し》らないやつだ。

田辺聖子《たなべせいこ》（作家《さっか》）
いい友達《ともだち》を持《も》ってる、
いうのが、
人間《にんげん》のいちばんの
お手柄《てがら》や、思《おも》うわ。
〔『どんぐりのリボン』（講談社）〕

アンネ・フランク（『アンネの日記《にっき》』の作者《さくしゃ》）
他人《たにん》を本気《ほんき》で理解《りかい》する唯一《ゆいいつ》の
方法《ほうほう》は、けんかをすることです。
本気《ほんき》で自分《じぶん》の主張《しゅちょう》をし合《あ》うとき、
真《しん》の人格《じんかく》が見《み》えてくるのです。

水木《みずき》しげる（マンガ家《か》）
成功《せいこう》や栄誉《えいよ》や勝《か》ち負《ま》けを目的《もくてき》に、
ことを行《おこな》ってはいけない。
他人《たにん》との比較《ひかく》ではない、
あくまで自分《じぶん》の楽《たの》しさを追求《ついきゅう》すべし。
〔『水木サンの幸福論―妖怪漫画家の回想―』
（日本経済新聞出版）〕

ジョセフ・マーフィー（牧師《ぼくし》・作家《さっか》）
人間関係《にんげんかんけい》は、鏡《かがみ》のようなものです。
相手《あいて》のあなたに対《たい》する態度《たいど》は、
あなたの相手《あいて》に対《たい》する態度《たいど》
そのものと考《かんが》えてください。

友《とも》だちにまつわる名言《めいげん》が多《おお》いのは、だれもが友《とも》だちのことでなやんできたからなのかもしれないね。

一人《ひとり》ひとりちがうこと、
キッキーはどう思《おも》う？

一人《ひとり》ひとり、ちがうからこそ
相手《あいて》の考《かんが》えや気持《きも》ちを想像《そうぞう》してみることが
大事《だいじ》なんじゃない？

そして、自分《じぶん》とはちがうだれかと
仲良《なかよ》くなれたら、すてきだな。

でも、答《こた》えは一《ひと》つじゃないよ。
キミはどう思《おも》う？

教《おし》えて！ 子《こ》ども時代《じだい》❶

女《おんな》の子《こ》なのに名前《なまえ》がしげる!?

室井滋《むろいしげる》さん（女優《じょゆう》）

映画《えいが》やドラマで活躍《かつやく》している、
女優《じょゆう》の室井滋《むろいしげる》さん。
子《こ》どものころは、「しげる」という
男《おとこ》の子《こ》みたいな名前《なまえ》が
いやでしかたがなかったんだって。
大人《おとな》になったいまは、どう思《おも》っているのかな？
子《こ》ども時代《じだい》のことといっしょに、
ぼくがインタビューしてきたよ！

どんな子《こ》ども時代《じだい》をすごしましたか？

ひとりっ子《こ》だったんですが、近《ちか》くにはいとこたちがたくさんいて、兄弟《きょうだい》みたいに育《そだ》ちました。親《おや》が商店街《しょうてんがい》でお店《みせ》をやっていたので、近所《きんじょ》の子《こ》たち全員《ぜんいん》が家族《かぞく》みたいな関係《かんけい》でした。海《うみ》の近《ちか》くだったので遊《あそ》ぶ場所《ばしょ》も多《おお》かったし、お祭《まつ》りなどの町内《ちょうない》のイベントもたくさんあって。すごく楽《たの》しい子《こ》ども時代《じだい》だったと思《おも》います。

どんな子《こ》どもでしたか？

おおらかに育《そだ》ったわりに、どーんと落《お》ち着《つ》いているところと神経質《しんけいしつ》なところの両方《りょうほう》がある、ちょっと複雑《ふくざつ》な子《こ》どもでした。大人《おとな》が何《なに》を考《かんが》えているかとか、瞬時《しゅんじ》に読《よ》み取《と》ってしまうようなところもありましたね。

小学校《しょうがっこう》に入《はい》るまではなき虫《むし》で、どこへ行《い》っても「帰《かえ》る帰《かえ》る」ばっかり言《い》っていました。2年生《ねんせい》ぐらいになって、少《すこ》しずつしっかりしてきたかな。それが、10才《さい》ぐらいになったら、かなり変《か》わりました。

10才《さい》になって、どう変《か》わったんですか?

それまでは、やんちゃであまえんぼうで神経質《しんけいしつ》。授業中《じゅぎょうちゅう》もみんなが手《て》をあげているのに、わたしだけあげなかったり。わたしだけだから「しげちゃん」って先生《せんせい》に当《あ》てられるんだけど、決《けっ》して正解《せいかい》を答《こた》えられないわけではないみたいな感《かん》じで。

家庭訪問《かていほうもん》のときに「ちゃんとわかっているのに、絶対《ぜったい》に自分《じぶん》から手《て》をあげて答《こた》えようとしません。お家《うち》の人《ひと》から気《き》をつけるように言《い》ってください」なんて言《い》われていました。

それがだんだん変《か》わってきたのは、わたし、成績《せいせき》は悪《わる》くなかったから学級委員《がっきゅういいん》に選《えら》ばれたりすることが多《おお》くて。みんなをまとめなきゃいけないって思《おも》っているうちに積極的《せっきょくてき》になっていましたね。

あと、6年生《ねんせい》のときに両親《りょうしん》が離婚《りこん》して、それで性格《せいかく》がが

らりと変《か》わりました。内気《うちき》だったのが社交的《しゃこうてき》になって、独《どく》立精神《りつせいしん》が旺盛《おうせい》な子《こ》どもになりました。

わすれられないできごとはありますか？

母《はは》が教育《きょういく》ママで、ピアノ、そろばん、絵画教室《かいがきょうしつ》、エレクトーン……家庭教師《かていきょうし》もついていました。田舎《いなか》の子《こ》にしては早《はや》くから習《なら》い事《ごと》をしていて、放課後《ほうかご》も毎日《まいにち》いそがしくしていました。

ただ、わたしは字《じ》がすごくきたなくて、学校《がっこう》の先生《せんせい》から「ほかの習《なら》い事《ごと》は全部《ぜんぶ》やめてもいいから、習字《しゅうじ》を習《なら》わせたほうがいい」って言《い》われて。そしたら、母《はは》にすぐ習字教室《しゅうじきょうしつ》に連《つ》れて行《い》かれたんです。

その教室《きょうしつ》がちょうど、習字《しゅうじ》コンテストに出《だ》す作品《さくひん》を書《か》いているところで、初《はじ》めて行《い》ったその日《ひ》に「きみも出《だ》しなさい」って言《い》われちゃったんです。何《なん》にもわからないからもじもじしてたら、お手本《てほん》の朱《しゅ》色《いろ》の文字《もじ》を下《した》にしいて「このとおりに書《か》きなさい」ってなぞるように言《い》われたの。手《て》を持《も》って筆《ふで》を動《うご》かされて。

そしたら、その作品《さくひん》が特選《とくせん》を取《と》っちゃったんです。でも、教室《きょうしつ》の子《こ》は、それがインチキだってことを知《し》ってるから、わたし、きずついちゃって。それで、習字教室《しゅうじきょうしつ》には二《に》度《ど》と行《い》かなくなりました。だから、字《じ》はいまもきたないままです。

104ページにつづくよ！

PART 2

自《じ》分《ぶん》のこと、知《し》ってる?

いいところと、いやなところ

まりんちゃんって、小《ちい》さい子《こ》にやさしいよね。
みきちゃんに、こんなこと言《い》われたの。うれしかったなあ。
さすが、みきちゃん！まりんのことをよく知《し》っているね。
ふたりは自分《じぶん》のことをどれだけ知《し》ってる？自分《じぶん》のことをわかっているかな？
自分《じぶん》のこと？
自分《じぶん》のいいところと、いやなところを考《かんが》えてみよう。
まりんとそら、教《おし》えてくださーい！

ぼくのいいところは……

宇宙《うちゅう》にくわしい。
たいきとりくんのことが好《す》き。
鉄道《てつどう》にくわしい。
食《た》べ物《もの》の好《す》ききらいがない。
まりんに勉強《べんきょう》を教《おし》えてあげている。

わたしのいいところは……

小《ちい》さい子《こ》にやさしい。
おもしろいことを思《おも》いつく。
泳《およ》ぐのが得意《とくい》。
友《とも》だちが多《おお》い。
お手伝《てつだ》いをよくする。

××××× ぼくのいやなところは…… ×××××

早起《はやお》きが苦手《にがて》。
おもしろいことが言《い》えない。
失敗《しっぱい》するのがこわい。
時間《じかん》を守《まも》れないことがある。
わすれ物《もの》が多《おお》い。

××××× わたしのいやなところは…… ×××××

勉強《べんきょう》が苦手《にがて》。
すぐにおこっちゃう。
にんじんが苦手《にがて》。
思《おも》ったことをすぐ言《い》ってしまう。
調子《ちょうし》にのりすぎる。

いやなところ、書《か》き出《だ》すと落《お》ちこむなあ。
ぼくも…。ダメダメ人間《にんげん》だ～。
ぜーんぜん、落《お》ちこむことはないよ！いいところもいやなところも、全部《ぜんぶ》「自分《じぶん》」だよ。
まずは、いろんな自分《じぶん》がいるって「知《し》る」ことが大切《たいせつ》。
自分《じぶん》を知《し》れば、自分《じぶん》のことを大事《だいじ》にできるようになるんだ。
いいところはどんどんのばしていけばいい。いやなところは、直《なお》したいのかそのままでいいのか、まずは自分《じぶん》で考《かんが》えてみよう。

自分《じぶん》のいいところって、どんなところ？

自分《じぶん》のいやなところって、どんなところ？

もやもやおばけって、どんなおばけ？

ランラン
うれしいな～ランランラン♪　毎日《まいにち》幸《しあわ》せ～ララランラン♪
まりんちゃん、なにかいいことでもあったの？
さっき、公園《こうえん》でよつばのクローバーを見《み》つけたんだ。めちゃラッキー♡
わたし、よつばいっぱい持《も》ってるよ！
先週《せんしゅう》、旅行《りょこう》で温泉《おんせん》に行《い》ったら、近《ちか》くの原《はら》っぱで5本《ほん》も見《み》つけたんだ。
さくらちゃんも持《も》ってるんだ、いっしょだね。
じゃあ、また明日《あした》ね～。
5本《ほん》も持《も》ってるんだ。ふーん…。
旅行《りょこう》も行《い》ったんだ。家族《かぞく》で温泉《おんせん》かあ…。
あれ？　さっきまで楽《たの》しい気分《きぶん》だったのに、なんか変《へん》。
わたし、どうしちゃったの？
もや
もや

ヌッ
おや、もやもや
おばけに
とりつかれて
いますね。
キャーッ
おばけ!?
もやもや
おばけは、
すっきりしない
気分《きぶん》になっている
子《こ》にとりついて、
もやもやした
気持《きも》ちをどんどん
大《おお》きくしてしまう
おばけなんだよ。
何《なに》それ、
いやだ!!
えー
では、もやもや
おばけの「もやさん」に
登場《とうじょう》してもらいましょう。
パッ
えん!?
ど、ども、
もやっす。
もや〜ん
ぐえっ
ねえ、もやさん。
悪《わる》いけど、
わたし、いつも
楽《たの》しい気分《きぶん》で
すごしたいの!
だ・か・ら、
とりつか
ないで!!
NO

もやっし、悪者《わるもの》じゃないっし！みんなを守《まも》っているっし…。
おーい、もやさんがどんなおばけか説明《せつめい》するよ！
たとえば、おふろに手《て》を入《い》れて、お湯《ゆ》が熱《あつ》かったら、どうする？
ほか
ほか
あつ！
サッ
手《て》を引《ひ》っこめる！
できごと
おふろのお湯《ゆ》が熱《あつ》かった
熱《あつ》い！
熱《あつ》いと感《かん》じなかったら、そのままお湯《ゆ》をさわり続《つづ》けてやけどをしてしまう
「熱《あつ》い」というのは、自分《じぶん》を守《まも》るための大切《たいせつ》なサインなんだ。

もやさんは、この「熱《あつ》い!」っていう反応《はんのう》と同《おな》じように、まりんを守《まも》っているんだ。
そうそう
まりん、もやもやしたときのことを思《おも》い出《だ》してみて。
できごと
よつばのクローバーを1本《ぽん》見《み》つけた
さくらちゃんは、よつばのクローバーを5本《ほん》も持《も》っていると知《し》った
もやもや
もやもやしなかったら、自分《じぶん》がいやな気持《きも》ちになっていることに気《き》づけないままになってしまう
「もやもや」するのも、自分《じぶん》を守《まも》るための大切《たいせつ》なサインなんだよ。
だけど、「もやもや」は「熱《あつ》い」のサインみたいに、わかりやすくない!
もやさん どいてくれそうにないわね
えー、じゃあ、このもやさん、どうしたらいいの?
ふふふ、それはね…。

もやもやおばけとの上手《じょうず》なつき合《あ》い方《かた》を教《おし》えちゃいます！

もやもやしたきっかけを考《かんが》える！

❶もやもやしたきっかけを考《かんが》えよう

・どうしてもやもやしたのかな？

・もやもやする直前《ちょくぜん》に、どんなことがあったかな？

❷そのもやもやが、どんな気持《きも》ちなのかを考《かんが》えよう

はらが立《た》った？

こわかった？ 不安《ふあん》？

はずかしかった？

負《ま》けたくなかった？

悲《かな》しかった？

わたし
さくらちゃんの
ことが
うらやまし
かったんだ!!

理由《りゆう》がわかると、もやもやがなくなって気持《きも》ちが落《お》ち着《つ》く

そっかあ。わたしは、よつばのクローバーは1本《いっぽん》でもうれしいよ♪

もやもやしたとき、そのままにしてしまうと……

もや
もゃ
自分《じぶん》はだめだなあと思《おも》ってしまったり
人《ひと》に八《や》つ当《あ》たりをしてしまったり
イラ
イラ
ジャマなんだけど!
やる気《き》が起《お》きなかったり
いやな気分《きぶん》から、ぬけ出《だ》せなくなってしまうよ。

おなやみ大研究《だいけんきゅう》❶【自分編《じぶんへん》】

言《い》いたいことが言《い》えません。

相談者《そうだんしゃ》：まりんさん

明日《あした》、何《なに》して遊《あそ》ぼうか？
わたし、ファッションショーごっこがしたいな。
楽《たの》しそう！さくらちゃん、いっぱい洋服《ようふく》あるもんね。
みんなでモデルさんのマネしようよ！
いいね いいね♡
ファッションショーかあ。おかし作《づく》りがしたいんだけどな。
まりんちゃんは？
はっ
どうしよう…。みんなに合《あ》わせておいたほうがいいか…。
う、うん。モデルさんのマネ、いいかも。

ファッションショーもいいけど、わたしはマジックショーもしたいな。
最近《さいきん》覚《おぼ》えたから、見《み》てほしいの。
すごい、ひかるちゃんしっかりしてるなあ。わたしは、自分《じぶん》のやりたいこと、言《い》えなかったなあ。
ってことがあって…。
キッキー、みんなになんとなく合《あ》わせるのはよくないの?
じゃ、この人《ひと》にアドバイスをもらおう! 未来《みらい》から来《き》た大人《おとな》まりんちゃんです!
もわわ~ん
未来《みらい》のわたし!?
みんなとちがう意見《いけん》を言《い》うのがこわかった?
それとも反対《はんたい》されるかなって思《おも》った?
こんにちは 子《こ》ども まりん
ほぇぇぇ
こわかった! 言《い》ってもむだかなって思《おも》っちゃったの。
でも、ひかるちゃんが意見《いけん》を言《い》っているのを聞《き》いてたら、もやもやしてきて…。
今度《こんど》、にたことがあったら、勇気《ゆうき》を出《だ》して言《い》ってみて。
友《とも》だちなら、ほかの意見《いけん》もちゃんと聞《き》いてくれるはず。

シャネルさんは、こんなふうに言《い》っているよ。
ココ・シャネル（ファッションデザイナー）
最《もっと》も勇気《ゆうき》のいる行動《こうどう》とは、自分《じぶん》の頭《あたま》で考《かんが》え続《つづ》けること。そしてそれを声《こえ》に出《だ》すこと。
ひかるちゃんも、勇気《ゆうき》があるよね！かっこいいなあ。
おまけ
わーっ
さて、このフライパンをちりとりに変《か》えてみせましょう。
パチ
パチ
パチ

きみなら、まりんちゃんにどんなアドバイスをするかな？

おなやみ大研究《だいけんきゅう》❷【自分編《じぶんへん》】

負《ま》けたくなくて、ズルしちゃいました。

相談者《そうだんしゃ》：たいきくん

たいきくんは、どんなことになやんでいるの？
おれ、ゲームで負《ま》けたくなくて、こっそりズルしちゃうことがあるんだ…。
だめだってわかってるんだけど、ズルでも勝《か》ちたくて…。
えっー、たいき、ズルしてたの!?
一週間前《いっしゅうかんまえ》のこと
たしか、スペードはこれ…？あっ、ちがった。
くくっ。スペードはそっちじゃないぜ。
こっちの目印《めじるし》をつけたやつさ。

やったー。オレの勝《か》ち!! もう一回《いっかい》やろうぜ。
負《ま》けてばっかりだから、もういやだよ。
また、たいきの勝《か》ちか。
あ…
ズルしすぎちゃったかな…。
あのときズルしてたの!? ひどい!!
だましてごめんな。
ナニ!?
負《ま》けるとくやしいから、ズルしてでも絶対《ぜったい》勝《か》ちたかったんだ。
そんなきみには、この言葉《ことば》をプレゼントするよ！
老子《ろうし》（思想家《しそうか》）
足《た》るを知《し》るものは富《と》む
（満足《まんぞく》することを知《し》っている人《ひと》は、豊《ゆた》かにくらしていくことができる）
負《ま》けたくないと思《おも》うのは、とっても大事《だいじ》な気持《きも》ちだよ。でもね…

ゲームが楽《たの》しいのは、みんながルールを守《まも》って戦《たたか》うからだよね。
それなのに、ズルして勝《か》とうとするのは、その楽《たの》しさに満足《まんぞく》しないで「もっともっと勝《か》ちたい」というただのよくばりだよ。
ズルで勝《か》って、本当《ほんとう》にうれしかった？
うっ…。悪《わる》いことしたなあって思《おも》ってるよ。
それにね、ズルはいつかバレるよ。
事実《じじつ》を知《し》った人《ひと》は、「だまされた！」っておこるはず。
そうだよ！ ぼく、たいきにはらが立《た》ってるよ！
そら、ごめん。もうズルはしないよ。
正々堂々《せいせいどうどう》とがんばれ！

きみなら、たいきくんにどんなアドバイスをするかな？

おなやみ大研究《だいけんきゅう》③【自分編《じぶんへん》】

自分《じぶん》と周《まわ》りの人をくらべて落《お》ちこんじゃいます。

相談者《そうだんしゃ》：りくくん

太陽系《たいようけい》の天体《てんたい》には……
そらくんは、物知《ものし》りですごいなあ。
次《つぎ》は大《おお》トロで。
へい、ぼっちゃま。
金福《きんぷく》くんの弁当《べんとう》、すごいなあ。
そらくんは、頭《あたま》が良《よ》くていいなあ。……ぼくは勉強《べんきょう》できないし。
もや〜ん
金福《きんぷく》くんは豪邸《ごうてい》に住《す》んでるけど……うちは広《ひろ》くないし。

りくくん、ここに注目《ちゅうもく》してみて！

うらやましい気持《きも》ちが、「いいなあ、すごいなあ。」と、自分《じぶん》をふるい立《た》たせる行動《こうどう》につながるなら…

それは、自分《じぶん》の目標《もくひょう》になる!!

あの子《こ》、すごい！
ぼくもがんばろう！

でも、自分《じぶん》の努力《どりょく》ではどうにもならないこと(見《み》た目《め》や家《いえ》のことなど)を、人《ひと》とくらべて自分《じぶん》はだめなんだと落《お》ちこんでしまうのなら…

くらべるのは、やめよう！

くらべる気《き》持《も》ちは、自分《じぶん》のことを苦《くる》しめるだけ。

もやもやおばけがどんどん大《おお》きくなってしまう。

たすけてー

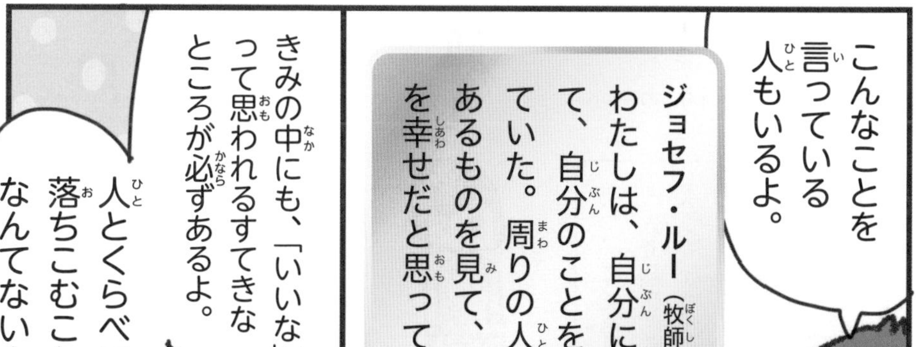
こんなことを言《い》っている人《ひと》もいるよ。
ジョセフ・ルー(牧師《ぼくし》・小説家《しょうせつか》)
わたしは、自分《じぶん》にないものを見《み》て、自分《じぶん》のことを不幸《ふこう》だと思《おも》っていた。周《まわ》りの人《ひと》は、わたしにあるものを見《み》て、わたしのことを幸《しあわ》せだと思《おも》っていた。
きみの中《なか》にも、「いいな」って思《おも》われるすてきなところが必《かなら》ずあるよ。
人《ひと》とくらべて落《お》ちこむことなんてないんだ！

でも、どうしてもくらべてしまうなら…

たて
横《よこ》
B《ビー》さん
いまのきみ
A《エー》さん

横《よこ》の比較《ひかく》
「A《エー》さんはお金持《かねも》ち」、「B《ビー》さんは頭《あたま》がいい」などと思《おも》っていると、いつまでたっても、うらやむ気持《きも》ちがなくならず、苦《くる》しいまま。どんどん自分《じぶん》のことがいやになってしまうよ。

たての比較《ひかく》
半年前《はんとしまえ》、1年前《ねんまえ》と、今《いま》の自分《じぶん》とをくらべてみる。そうすると、自分《じぶん》の成長《せいちょう》やがんばりに気《き》づくことができるよ。自分《じぶん》に「がんばったね」と言《い》ってあげられれば、がんばった自分《じぶん》のことを好《す》きになれるよ。

半年前《はんとしまえ》のきみ
1年前《ねんまえ》のきみ

横《よこ》の比較《ひかく》ではなく、たての比較《ひかく》をしてみよう。

あっ、ぼく今年《ことし》から一人《ひとり》で起《お》きられるようになった!

きみなら、りくくんにどんなアドバイスをするかな？

おなやみ大研究《だいけんきゅう》④【自分編《じぶんへん》】

みんなの前《まえ》で失敗《しっぱい》したくないんです。

相談者《そうだんしゃ》：そらくん

次《つぎ》の相談者《そうだんしゃ》は…そらくんですね。
カルテ
今日《きょう》さ、たいきにこんなことを言《い》われたんだ。
そらってよ、頭《あたま》いいのに、何《なん》で授業中《じゅぎょうちゅう》に発表《はっぴょう》しないんだ？
オレなんて、答《こた》えわかんなくても手《て》あげてんのに。
答《こた》えがわかってても、当《あ》てられたくないんだよ。
えーっ、何《なん》で？
まちがってたらはずかしいし…笑《わら》われるでしょ。
笑《わら》われたっていいじゃん。まちがえたって平気《へいき》だし、いっしょに笑《わら》っちゃえば！
キッキー、ぼく、失敗《しっぱい》したり、まちがえたりするのがこわいんだ。
それで、発表《はっぴょう》とか苦手《にがて》なんだよ。

失敗《しっぱい》もまちがいもしない人《ひと》なんて、ひとりもいない。
だよだよ～。
その通《とお》り！！
オレもそう思《おも》うな！
だれー!?
未来《みらい》のキミ。
ええーー!?
この先《さき》ボクに何《なに》がおきるの!?
失敗《しっぱい》をこわがって、行動《こうどう》しないのって、
つまらないと思《おも》うなあ、オレは。
ぼくもだよ～！
発表《はっぴょう》してほめられてる子《こ》、いいなあって思《おも》うもん。
ぼくも、みんなから「すごい！」って思《おも》われたいもん。
すごーい
よくできたな
100
勇気《ゆうき》が出《で》るように、失敗《しっぱい》したときに思《おも》い出《だ》してほしい言葉《ことば》を教《おし》えちゃうよ！
ちびっ子《こ》のオレがんばれ!!

ヘンリー・フォード
（実業家《じつぎょうか》）
失敗《しっぱい》とは、よりよい方法《ほうほう》で再挑戦《さいちょうせん》するいい機会《きかい》である。
失敗《しっぱい》から学《まな》んで、挑戦《ちょうせん》し直《なお》せばいいじゃないか！って言《い》っているよ。
ヘレン・ケラー
（教育家《きょういくか》）
元気《げんき》を出《だ》しなさい。今日《きょう》の失敗《しっぱい》ではなく、明日《あす》おとずれるかもしれない成功《せいこう》について考《かんが》えるのです。
失敗《しっぱい》したって、落《お》ちこまずにまたやってみればいい。次《つぎ》は成功《せいこう》するかもしれないよ！
明《あ》日《す》こそ!!
ちょっと勇気《ゆうき》が出《で》てきた！ 行動《こうどう》しなかったら、失敗《しっぱい》はないけど、成功《せいこう》する可能性《かのうせい》もないんだね。
その調子《ちょうし》だ、ちびっ子《こ》のオレ！
失敗《しっぱい》をおそれないで、どんどんやりたいことに挑戦《ちょうせん》してほしいな。

きみなら、そらくんにどんなアドバイスをするかな？

おなやみ大研究《だいけんきゅう》⑤【自分編《じぶんへん》】

ついつい、うそをついちゃいます。

相談者《そうだんしゃ》：さくらちゃん

あのね、わたし、ついうそをついちゃうんだ…。
小《ちい》さいころからよく言《い》われる、「うそはいけません」というやつだね。
ん？キッキーとさくらちゃん？
おこづかいを1万円《まんえん》もらってるとか…。
やっぱり！1万円《まんえん》はうそだよね!!
まりんちゃん!?
うーん、それは自分《じぶん》をよく見《み》せるためのうそだねえ。
ひかるちゃんにかりた本《ほん》、「おもしろくなかった〜」って言《い》っちゃったり…。
ほうほう。それは、相手《あいて》を思《おも》いやってのうそかな？
あと、お兄《にい》ちゃんのゲームをこわしちゃったとき、わたし知《し》らないって…。
あ〜〜
いけないねえ。

だめだってわかってるのに、何《なん》でこんなにうそついちゃうのかなあ。
しゅん
いろんなうそがあったねえ。
うそは、ついてもつかれてもいやなもの。
まず、これを忘《わす》れないでね。
あと、こんな言葉《ことば》もあるよ。
アイザック・ニュートン
（数学者《すうがくしゃ》・物理学者《ぶつりがくしゃ》）
自分《じぶん》を相手《あいて》より利口《りこう》に見《み》せても愚《おろ》かに見《み》せても、得《え》るところはない。
まあね♡
ああ、わたしったら
でも、こんなことわざもあるんだ。
うそも方便《ほうべん》！
時《とき》と場合《ばあい》によっては、うそも必要《ひつよう》という意味《いみ》だよ。
すっごく面白《おもしろ》かったよ
これは、ひかるちゃんをがっかりさせたくなかった、さくらちゃんのやさしいうそだったけど…。
「ちょっと好《この》みじゃなかったな」って、言《い》ったら、もっと仲良《なかよ》くなるチャンスにつながったかもしれない。
じゃあこんなのは？

そして、最後《さいご》にもうひとつ。「自分《じぶん》につくうそ」もあるんだよ。
えっ、自分《じぶん》に!?
手《て》をぬいていたのに、「がんばった!」とか、本当《ほんとう》は負《ま》けてくやしかったのに、「別《べつ》に～ぜんぜん」と思《おも》うようにしたことはない?
これは、自分《じぶん》をごまかすうそだよ。
自分《じぶん》にうそをつかれたら…。
自分《じぶん》がかわいそう…。
ドストエフスキー（作家《さっか》）
人生《じんせい》において何《なに》よりもむずかしいことは、うそをつかずに生《い》きることだ。そして、自分自身《じぶんじしん》のうそを信《しん》じないことだ。
うそをつくと、ずっとそのうそに苦《くる》しむこともあるよ。
あんなうそつかなきゃよかった…
バレたらどうしよう…
ウソ
実《じつ》は、わたしも…。おこづかいで買《か》ったって言《い》った消《け》しゴム、本当《ほんとう》は買《か》ってもらったやつだったんだ。
えー、そうなの!? でも、わたしもおこづかい1万円《まんえん》ってうそ言《い》っちゃったもんね。もう、うそはやめるよ!
うそはダメ

きみは、さくらちゃんみたいに思《おも》ったことはある？　それはどんなときかな？

おなやみ大研究《だいけんきゅう》❻【自分編《じぶんへん》】

友《とも》だちにどう思《おも》われているかが気《き》になります。

相談者《そうだんしゃ》：みきちゃん

お次《つぎ》の相談者《そうだんしゃ》は、みきちゃんです。
どうぞ!!
自分《じぶん》はみんなにどう思《おも》われているのかなって、気《き》になるんです。
たとえば、髪型《かみがた》を変《か》えたときとか
変《へん》かなっ?
ドキ
ドキ
新《あたら》しい洋服《ようふく》を着《き》たとき
ちょっとハデかな?
言《い》っちゃった!!
学級会《がっきゅうかい》で意見《いけん》を言《い》ったとき
給食《きゅうしょく》のとき、おかわりしたかったんだけど、はずかしいかなって思《おも》ってやめたこともあります。ママは「気《き》にしすぎ」って言《い》うけど…。
大好《だいす》きなカレーだったんだけど…
うん、その気持《きも》ち、わかるよ。
人《ひと》からどう思《おも》われているか気《き》になるのって、変《へん》なんですか?

ぜんぜん変《へん》じゃないよ!
気《き》になるのは、みきちゃんが大人《おとな》に成長《せいちょう》しているって証拠《しょうこ》だよ。でも、気《き》にしすぎて思《おも》ったことが言《い》えなかったりするのは、つまらないよね。
うん、カレー食《た》べたかったし…。
周《まわ》りの子《こ》を気《き》にすればするほど、自信《じしん》がなくなってしまう。
みんなちがっているから、ある人《ひと》は「いいね」と言《い》っても
ある人《ひと》は「よくない」と言《い》うことだってあるんだ。
そうなったら、みきちゃんの気持《きも》ちは、こんがらがって、ぐちゃぐちゃになっちゃうでしょ?
あっ、そうかも!
その服《ふく》、かわいいね。
その色《いろ》は、にあわないよ。
他人《たにん》の目《め》を気《き》にするほど、自分《じぶん》の自信《じしん》はへっていってしまうんだ。
えーん
どっちー?

そんなときは、こんな考《かんが》え方《かた》をしてみよう。
ほかの子《こ》はほかの子《こ》、自分《じぶん》は自分《じぶん》
それはあの子《こ》の考《かんが》え方《かた》
あの子《こ》はあの子《こ》。わたしはわたし。
こんなことを言《い》っている人《ひと》もいるよ。
オードリー・ヘップバーン（女優《じょゆう》）
人生最大《じんせいさいだい》の収穫《しゅうかく》は、わたし自身《じしん》を受《う》け入《い》れられるようになったこと、自分《じぶん》や他人《たにん》の欠点《けってん》を受《う》け入《い》れることができるようになったことです。
みきちゃんは、みきちゃんらしくいられることが、
いちばんすばらしいんじゃないかな。
わたし自身《じしん》？
みんな、それぞれの自分《じぶん》らしさを育《そだ》てていこう。

きみは、みきちゃんみたいに思《おも》ったことはある？　それはどんなときかな？

おなやみ大研究《だいけんきゅう》❼【自分編《じぶんへん》】

すぐにおこってしまいます。

相談者《そうだんしゃ》：まりんちゃん

2回目《かいめ》の登場《とうじょう》、まりんちゃんのおなやみは？
わたし、イライラしています。
学校《がっこう》で、そうじの時間《じかん》にちゃんとやらない子《こ》がいると、ムカムカッ。
あらよっと
オレもやろーっ
むかむかむかーっ
家《いえ》では、お出《で》かけのとき、みんなでそらを待《ま》ってるのになかなか来《こ》なくて
そらー、どうしたのー。
まりん、見《み》て！　この虫《むし》おもしろいの。
ずっと虫《むし》見《み》てたんかい!?
せっかくのお出《で》かけだったのに、サイテーな気分《きぶん》だったよ。
まりん、あの日《ひ》はずっとふきげんだったよね。
!!
キーッ
あんたのせいでしょーが
こんなふうに、プンプンおこっちゃう自分《じぶん》がいやなの！

見《み》て! まりん
「ムカつく」と思《おも》うのは、自分《じぶん》が何《なに》かこまったことになっているとき!
えっ、ムカついてるのに、こまっているのは自分《じぶん》?
イライラしたときのことを、よく思《おも》い出《だ》してみて。
待《ま》たされてこまる
もう15分《ふん》も待《ま》たされてるし。
イラ
イラ
自分《じぶん》がしないといけないからこまる
男子《だんし》がやらないから、結局《けっきょく》わたしがやるんじゃん。
こんなときはまず、自分《じぶん》は何《なに》かにこまっているんだなって気《き》づいてあげよう。
おこるのは、こまっているからなんだ!
イライラする気持《きも》ちのしずめ方《かた》
❶ゆっくりと深呼吸《しんこきゅう》を3回《かい》する。
❷その場《ば》をはなれてみる。

この言葉《ことば》について、考《かんが》えてみて。
デール・カーネギー
（人間関係《にんげんかんけい》・コミュニケーションの専門家《せんもんか》）
人前《ひとまえ》ではいつもにっこりするよう心《こころ》がけるだけでも、けっこう役《やく》に立《た》つ。ほほえみかけられた相手《あいて》が幸福《こうふく》になり、その幸福《こうふく》がブーメランのように、こちらへはね返《かえ》ってくるからだ。
いくよー
OK《オッケー》ー
イライラを相手《あいて》にぶつけてしまうと、相手《あいて》もはらを立《た》てて、けんかになってしまうかもしれない。
ピシュッ
ビシッ
でも、気持《きも》ちを落《お》ち着《つ》けて、にっこり話《はな》しかければ、相手《あいて》も同《おな》じように返《かえ》してくれるようになるんだよ。
ブーメラン
わお〜ん♡
バナナ♡

きみは、まりんちゃんみたいに思《おも》ったことはある？　それはどんなときかな？

おなやみ大研究《だいけんきゅう》❽【自分編《じぶんへん》】

うまくいかないことがあると、人《ひと》のせいにしてしまいます。

相談者《そうだんしゃ》：そらくん

この間《あいだ》、こんなことがあって…。
学芸会《がくげいかい》
も・も・も ももたろさん
き・き・き きび・きび…
きびだんご、いりませんか!?
どっ
あげてどーする!?
あっ…。
失敗《しっぱい》した〜。音楽《おんがく》がおそかったし、スポットライトがずれてたよ。うまくいかなかったのは、音楽係《おんがくがかり》と照明係《しょうめいがかり》のせいだ！
ええっ!?
そらくん、ひどい!!
それで、言《い》い合《あ》いになっちゃってさー。
うんうん、それで？
だからって、人《ひと》のせいにしちゃいけない…よね？

ユング（心理学者《しんりがくしゃ》）人《ひと》に対《たい》して感《かん》じるいらだちや不快感《ふかいかん》は、自分《じぶん》自身《じしん》を理解《りかい》するのに役《やく》立《だ》つことがある。
それにね、いつも人《ひと》のせいにしていたら、信用《しんよう》されなくなってしまうかもね。
えっ……信用《しんよう》されないって？
自分《じぶん》の失敗《しっぱい》を他人《たにん》のせいにしてしまうと
うまくいかなかったのは、音楽係《おんがくがかり》のせい
失敗《しっぱい》したのは、照明係《しょうめいがかり》がじゃましたせい
おばあちゃんが来《こ》なかったから
桃太郎《ももたろう》が悪《わる》い！
失敗《しっぱい》したのはあいつだろ？
ひどいよな、ほかの係《かかり》のせいにして。
そんなふうに思《おも》われちゃったら大変《たいへん》だよ～。
本当《ほんとう》は、自分《じぶん》のせいだってわかってるよ。でもさ…。
こんなふうに考《かんが》えてみよう。
失敗《しっぱい》したときは、自分《じぶん》が成長《せいちょう》するチャンス！

自分《じぶん》の失敗《しっぱい》を自分《じぶん》で認《みと》められると
ああ、ぼくは、何《なん》であんな失敗《しっぱい》をしちゃったんだろう
よし、今度《こんど》は気《き》をつけよう！
成《せい》長《ちょう》！
大人《おとな》の階段《かいだん》のぼった
失敗《しっぱい》やまちがいを認《みと》めるのは苦《くる》しいし、はずかしい。だから、だれかのせいだと思《おも》いたくなっちゃうんだ。でも、自分《じぶん》のしたことに責任《せきにん》をもつのは、とても大事《だいじ》なことだよ！
ビシッ
キッキー あつい!!
ところで、キッキーは、いつからわたしたちといてくれてたの？
今《いま》までは、ぼくたちが見《み》えていなかっただけ？
きみたちがこの家《いえ》に引《ひ》っこしてきたときに、家族《かぞく》になったんだよ。
ほら、この前《まえ》、さくらんぼの実《み》がなったでしょ？
え——っ
覚《おぼ》えてないの——!?
ぼくは、ふたりが植《う》えたさくらんぼの木《き》の精《せい》だよ！

きみは、そらくんみたいに思《おも》ったことはある？　それはどんなときかな？

おなやみ大研究《だいけんきゅう》⑨【特別編《とくべつへん》】

もやもやおばけがず〜っといます。

相談者《そうだんしゃ》：まりんちゃんとそらくん

むむうぅぅー
もやもやおばけがついてる！ふたりとも、どうしたの？
だって、そらが！
まりんが！
もやもやからぬけ出《だ》せないときは、自分《じぶん》のごきげんをとって、気分転換《きぶんてんかん》をしよう。
ごきげんをとる？
自分《じぶん》で？

赤《あか》ちゃんは、大人《おとな》がごきげんをとってくれる

ふぎゃ〜ん
たかいたかーい

大人《おとな》は、自分《じぶん》で自分《じぶん》のごきげんをとる

よしよし
ドンマイ

そらなんか、まだ赤《あか》ちゃんだよ～。お母《かあ》さんにあまえてるもん。
そんなことないよ！
これからは、もやもやしたとき、大人《おとな》が赤《あか》ちゃんをあやすみたいに
自分《じぶん》で自分《じぶん》のごきげんをとれるようになろう。
こんなことを言《い》っている人《ひと》もいるよ。
田口《たぐち》ランディ（作家《さっか》）
いやなことがあっても幸《しあわ》せ気《き》分《ぶん》でいられる工夫《くふう》をすること。人《ひと》はそれぞれに工夫《くふう》して、気《き》分《ぶん》を落《お》ちこませない努力《どりょく》をしているんだよ。
（『「ありがとう」がエンドレス』（晶文社））
はい、さくらんぼあげるから仲直《なかなお》りね！

大人《おとな》のみなさ〜ん、自分《じぶん》のごきげんのとり方《かた》を教《おし》えてください！

へとへとに
なるまで、
公園《こうえん》をジョギング！
お父《とう》さん

大好《だいす》きな
ケーキを食《た》べる！
こっそりね、
うふふ。
お母《かあ》さん

お友《とも》だちとお茶《ちゃ》を
飲《の》みながら
おしゃべりするわ。
まあ…グチね。
おばあちゃん

おふろで
大《おお》きな声《こえ》で
歌《うた》う。
おじいちゃん

とにかく
ねる！
空手《からて》の師範《しはん》

大好《だいす》きな
アーティストの
DVD《ディーブイディー》を見《み》る。
スイミングのコーチ

好《す》きなことをしたり、体《からだ》を休《やす》めたりすると、もやもやおばけは消《き》えていくよ。
自分《じぶん》のごきげんのとり方《かた》を見《み》つけてみよう。
自分《じぶん》のごきげんをとる…？
ペットたちと遊《あそ》ぶ。
ひかる
ひたすらゲーム！
たいき
大好《だいす》きな宇宙《うちゅう》の図鑑《ずかん》を、ぼーっとながめる。
そら
じゅくの友《とも》だちに話《はな》す。
みき
おふろでお母《かあ》さんに話《はなし》を聞《き》いてもらう。
まりん
思《おも》いきりフルートをふく。
さくら
大好《だいす》きなカレーライスを作《つく》ってもらって食《た》べる！
りく

友《とも》だち関係《かんけい》になやんだときに
おすすめの映画《えいが》や本《ほん》をしょうかい！

ぼくね、カッキンっていう友《とも》だちがいるんだ。
カッキン？
うん カニの カッキン
大《おお》ゲンカして絶交《ぜっこう》しちゃったことがあったんだけど…。
さくらんぼ種《たね》とばしこうげき!!
もうっ！やめろ!!
そんなときに見《み》た映画《えいが》がとってもいい話《はなし》でさ。
ぼくは いつも 味方《みかた》だよ
そういえば カッキンも いつも 味方《みかた》して くれたよな…
ごめん!!
いいさ
それで、反省《はんせい》してあやまりに行《い》ったんだ。
カッキンは、いまどこにいるの？
ふふ。おとなりの庭《にわ》のカキの木《き》の妖精《ようせい》！
ええっ、カキ、毎年《まいとし》もらって食《た》べてるよー。
なやんだときに、本《ほん》や映画《えいが》を見《み》るのはとってもおすすめ！まずは、その作品《さくひん》を思《おも》い切《き》り楽《たの》しんでみて。なやみを解決《かいけつ》するヒントが見《み》つかることがあるよ。
MOVIE
BOOK

インタビューに答《こた》えてくれた室井滋《むろいしげる》さんが、
ドリーの声《こえ》を担当《たんとう》しているよ！

映画《えいが》

©2020 Disney/Pixar

ファインディング・ドリー

(2016年)

ディズニープラスで配信中

ファインディング・ニモの続編《ぞくへん》

ドリーは、何《なん》でもすぐにわすれてしまうナンヨウハギの子《こ》。両親《りょうしん》をさがす旅《たび》のとちゅうで、マーリンとニモの親子《おやこ》とはぐれてしまう。でも、自分《じぶん》を信《しん》じる気持《きも》ちと仲間《なかま》たちがいれば、きっと大丈夫《だいじょうぶ》！

映画《えいが》 ちびまる子《こ》ちゃん イタリアから来《き》た少年《しょうねん》

(2015年)

Blu-ray ¥4,700円（本体)＋税
DVD ¥3,800（本体)＋税
発売元：フジテレビジョン
販売元：ポニーキャニオン

友情《ゆうじょう》は国《くに》も時間《じかん》もこえる

イタリアの小学生《しょうがくせい》アンドレアが、まる子《こ》の家《いえ》にホームステイにやってきた。アンドレアには、日本《にほん》で会《あ》いたい人《ひと》がいるみたい。まる子《こ》たちはさがし出《だ》せるのか!?

©2015 SP/F.N.T.H.Y.FNS

スタンド・バイ・ミー (1986年)

デジタル配信中
Blu-ray ¥2,381円（税別）
DVD ¥1,410円（税別）
発売・販売元：ソニー・ピクチャーズ エンタテインメント

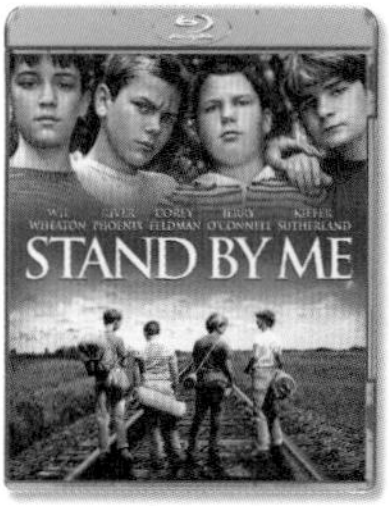

大人《おとな》になりかけのきみたちへ

性格《せいかく》がまったくちがうのになぜか気《き》が合《あ》う4人《にん》の少年《しょうねん》たちは、森《もり》の中《なか》の死体《したい》をさがす冒険《ぼうけん》に出《で》る。列車《れっしゃ》に追《お》いかけられたり、野宿《のじゅく》をしたり。友《とも》だちと過《す》ごした、12才《さい》の夏《なつ》の思《おも》い出《で》。

僕《ぼく》のワンダフル・ライフ

(2017年)

Blu-ray ¥1,886円＋税
DVD ¥1,429円＋税
発売元：NBCユニバーサル・
　　　　エンターテイメント

僕《ぼく》はいつでもきみのそばにいるよ

犬《いぬ》のベイリーは、かい主《ぬし》のイーサンのことが大好《だいす》き。どんなときでもイーサンといっしょ。イーサンが楽《たの》しいときはいっしょに楽《たの》しむんだ。イーサンが悲《かな》しいときは、はげましてあげるんだ。

©2020 Disney

ズートピア (2016年)

ディズニープラスで配信中

新米警察官《しんまいけいさつかん》ジュディの相棒《あいぼう》は、サギ師《し》!?

ジュディは、ずっとあこがれていた警察官《けいさつかん》になれたのに、まかされる仕事《しごと》は簡単《かんたん》なものばかり。そんなとき、詐欺師《さぎし》のニックに出会《であ》って…!?

※2021年2月現在の情報です。

おうちの人《ひと》が子《こ》どものころに読《よ》んでいた作品《さくひん》もあるかも!?

カードキャプターさくら 新装版

CLAMP 作（講談社）

クロウカードは世《よ》の中《なか》にわざわいをもたらす…

木之本桜《きのもとさくら》は、小学《しょうがく》4年生《ねんせい》。ある日《ひ》、不思議《ふしぎ》な本《ほん》の中《なか》から「クロウカード」を解《と》き放《はな》ってしまう。カードを守《まも》っていたケロちゃんに導《みちび》かれ、桜《さくら》はカードキャプターとして、魔法《まほう》を使《つか》ってカードを回収《かいしゅう》することに！

ハイキュー!!

古舘春一 作（集英社）

小《ちい》さな巨人《きょじん》を目指《めざ》して！

小学生《しょうがくせい》のころにバレーボールにみせられた日向翔陽《ひなたしょうよう》は、中学《ちゅうがく》で男子《だんし》バレーボール同好会《どうこうかい》に入《はい》る。でも、メンバーは翔陽《しょうよう》ただ一人《ひとり》。それでもバレーボールへの情熱《じょうねつ》が消《き》えることはなかった。ようやく出場《しゅつじょう》できた公式戦《こうしきせん》で、運命《うんめい》の相手《あいて》と出会《であ》う！

宇宙兄弟《うちゅうきょうだい》 小山宙哉 作（講談社）

宇宙《うちゅう》を目指《めざ》す兄弟《きょうだい》の物語《ものがたり》

幼《おさな》いころにUFO《ユーフォー》を見《み》た南波六太《なんばむった》と弟《おとうと》の日々人《ひびと》は、宇宙飛行士《うちゅうひこうし》になることをちかい合《あ》う。先《さき》に宇《う》宙飛行士《ちゅうひこうし》になった弟《おとうと》の後《あと》を追《お》い、六太《むった》は持《も》ち前《まえ》の明《あか》るさで難《むずか》しい試験《しけん》や厳《きび》しい訓練《くんれん》を乗《の》り越《こ》えていく！

ちはやふる

末次由紀 作（講談社）

競技《きょうぎ》かるたでつながる仲間《なかま》たち

小学《しょうがく》6年生《ねんせい》の綾瀬千早《あやせちはや》と真島《ましま》太一《たいち》は、綿谷新《わたやあらた》の影響《えいきょう》で競技《きょうぎ》かるたを始《はじ》める。かるたへの情熱《じょうねつ》や、登場人物《とうじょうじんぶつ》たちの思《おも》いに胸《むね》がゆさぶられることまちがいなし。百人一首《ひゃくにんいっしゅ》の和歌《わか》の意味《いみ》にも注目《ちゅうもく》！

キン肉《にく》マン ゆでたまご 作（集英社）

「へのつっぱりはいらんですよ」

キン肉《にく》マンは、キン肉星《にくせい》の王子《おうじ》で牛丼《ぎゅうどん》が大好《だいす》き。ふだんは、いいかげんなだめ超人《ちょうじん》だけど、正義感《せいぎかん》はやたらと強《つよ》い。さまざまな超人《ちょうじん》たちと戦《たたか》う中《なか》で、友情《ゆうじょう》が芽生《めば》え、キン肉《にく》マン自身《じしん》も成長《せいちょう》していく。

物語《ものがたり》

しまのないトラ なかまとちがってもなんとかうまく生《い》きていったどうぶつたちの話《はなし》

斉藤洋 作／広川沙映子 絵（偕成社）

何《なに》かがちがう動物《どうぶつ》たち

しまのないトラに足《あし》のあるヘビ、出《で》てくる動物《どうぶつ》たちはみんなちょっとどこかがちがっている。でも、みんな楽《たの》しく生《い》きている！

かみさまにあいたい

当原珠樹 作／酒井以 絵（ポプラ社）

かみさまっているの？

雄一《ゆういち》は、大好《だいす》きだったおばあちゃんをなくしたばかり。ある日、同級生《どうきゅうせい》の竜也《たつや》から「かみさま」に会《あ》ったことがあると聞き、竜也《たつや》といっしょにかみさまとの交信《こうしん》を試《こころ》みて…。

リズム

森絵都 作／金子恵 絵（講談社）

「さゆき、自分《じぶん》のリズムを大切《たいせつ》にしろよ」

さゆきは中学《ちゅうがく》1年生《ねんせい》。いとこの真《しん》ちゃんのことが好《す》き。テツはおさななじみ。美砂《みさ》と陽子《ようこ》は、いやなことをわすれていっしょに笑《わら》い合《あ》える友《とも》だち。そんな人々《ひとびと》の中《なか》で、さゆきがちょっぴり成長《せいちょう》する物語《ものがたり》。

50巻以上続《かんいじょうつづ》く名作《めいさく》だよ！

それいけズッコケ三人組《さんにんぐみ》

那須正幹 作／前川かずお 絵（ポプラ社）

ズッコケシリーズの第《だい》1作目《さくめ》！

おっちょこちょいのハチベエ、物知《ものし》りのハカセ、のんびりやのモーちゃんは、花山第二小学校《はなやまだいにしょうがっこう》6年《ねん》1組《くみ》のクラスメイト。このズッコケ三人組《さんにんぐみ》がさまざまな事件《じけん》や冒険《ぼうけん》に巻《ま》きまれていく！

十五少年漂流記《じゅうごしょうねんひょうりゅうき》

ジュール・ベルヌ 作／丸谷朋弘 絵
芦辺拓 編訳（学研プラス）

無人島《むじんとう》に漂着《ひょうちゃく》した15人《にん》の少年《しょうねん》たち

乗《の》っていた船《ふね》があらしにあい、少年《しょうねん》たちは無人島《むじんとう》にたどりついた。少年《しょうねん》たちは、生《い》きぬいて帰《かえ》ることができるのか？おどろきのサバイバル生活《せいかつ》が始《はじ》まる！

友《とも》だちへの思《おも》いが伝《つた》わる絵本《えほん》

きみなんか　だいきらいさ

ジャニス・メイ・ユードリー 文
モーリス・センダック 絵（冨山房）

ジェームズとぼく

いつもなかよしだったのに、今日《きょう》はちがうんだって。今日《きょう》はだいきらいなんだって。いやなところばかり目《め》についちゃうんだって。ほんとうにぜっこうしちゃう？

仲良《なかよ》しの友《とも》だちを大切《たいせつ》にするには〝本音《ほんね》〟が大事《だいじ》!!

室井滋《むろいしげる》さん（女優《じょゆう》）

子《こ》どものころ、自分《じぶん》の名前《なまえ》をどう思《おも》っていましたか？

名前《なまえ》は、父《ちち》がお寺《てら》のご住職《じゅうしょく》に相談《そうだん》して、「しげり」か「しげみ」か「しげこ」か「しげる」でまよって、「しげる」になったって聞《き》きました。でも、女《おんな》の子《こ》で「しげる」なんて子《こ》いないでしょう。すっごくからかわれました。

わたしはひとりっ子《こ》だったし、おしゃれなお洋服《ようふく》を着《き》ていたんですよ。写真《しゃしん》を見《み》ても、ひとりだけおすましししている感《かん》じで。でも、よばれる名前《なまえ》は、男《おとこ》の子《こ》みたいな、しげちゃん。本当《ほんとう》にいやでした。

学校《がっこう》の実習《じっしゅう》なんかで他校《たこう》の子《こ》といっしょになったら、名《な》前《まえ》がばれないように、友《とも》だちに「わたしの名前《なまえ》はよばないで」なんて言《い》ったりもしていました。

ピアノの発表会《はっぴょうかい》のとき、「次《つぎ》は、室井《むろい》しげるくんです」って紹介《しょうかい》されて…わたし、ショックで、ステージを歩《ある》いて通《とお》りすぎて、そのまま引《ひ》っこんじゃったことがあるんですよ。

「しげるちゃん」てよばれて、

おじきをしてピアノをひく予《よ》定《てい》だったのに。

いまは、どう思《おも》っていますか？

自分《じぶん》の名前《なまえ》の由来《ゆらい》を聞《き》いて、納得《なっとく》はしていたけれど、受《う》け入《い》れられるようになったのは、高校生《こうこうせい》ぐらいのときかな。男《だん》子《し》が女子《じょし》をよぶとき、「山田《やまだ》さん」とか「吉田《よしだ》さん」って言《い》うんだけど、わたしは「しげる」ってよばれて、それが、男子《だんし》の友《とも》だちもいっぱいいる感《かん》じがしてうれしかったですね。そのころから、自分《じぶん》の名《な》前《まえ》が好《す》きになりました。

最後《さいご》に、大人《おとな》になったいま、友《とも》だち関係《かんけい》で気《き》をつけていることがあれば、教《おし》えてください。

わたしは、本当《ほんとう》に仲良《なかよ》くなるとすごくつき合《あ》いが長《なが》くなります。高校《こうこう》の同級生《どうきゅうせい》ともずっとつき合《あ》っているし、大学《だいがく》の友《とも》だちとは、いまも毎年《まいとし》旅《りょ》行《こう》に行《い》っています。

長《なが》い間《あいだ》にはいろいろなことがあって、本音《ほんね》でつき合《あ》うと、たまにはひどいことを言《い》った

しげちゃん
室井滋・作　長谷川義史・絵

『しげちゃん』
作・室井滋
絵・長谷川義史
（金の星社）

しげちゃんの名前《なまえ》の由来《ゆらい》は、この絵本《えほん》を読《よ》んでみてね。

り言《い》われたりもする。でも、そういうときに、長《なが》く続《つづ》く家《か》族《ぞく》みたいな関係《かんけい》になれるように、ちゃんと相手《あいて》と向《む》き合《あ》っていくようにしています。自分《じぶん》がいくらこの人《ひと》いいなあと思《おも》っても、ご縁《えん》のない人《ひと》もいます。自然《しぜん》に会《あ》わなくなっちゃったりとか。でも、細《ほそ》く長《なが》くなんとなく連絡《れんらく》を取《と》り続《つづ》ける人《ひと》もいて、人《ひと》との関係《かんけい》って、いろいろあるんだなと思《おも》います。

年《とし》を重《かさ》ねていくといろいろなことが起《お》こります。コロナ禍《か》だって、大人《おとな》のだれも想像《そうぞう》していませんでしたよね。そういうときに、いちばん大切《たいせつ》なものは何《なに》かって考《かんが》えたら、まずは自分《じぶん》と話《はなし》をしてくれる人《ひと》。それから、助《たす》けたり助《たす》けられたりする関係《かんけい》の人《ひと》がいること。そういう友《とも》だちを作《つく》ったほうがいいんじゃないかなと思《おも》います。無理《むり》をする必要《ひつよう》はないと思《おも》うのだけど、なんとなく連絡《れんらく》を取《と》り合《あ》う、つながっている糸《いと》を切《き》らさないことも大事《だいじ》だと思《おも》います。

室井滋（むろい　しげる） 富山県生まれ。早稲田大学在学中に1981年映画「風の歌を聴け」でデビュー。「居酒屋ゆうれい」他で多くの映画賞を受賞。2012年日本喜劇人大賞特別賞、2015年松尾芸能賞テレビ部門優秀賞を受賞。ディズニー映画「ファインディング・ニモ」「ファインディング・ドリー」のドリーの吹き替えや、2021年映画「大コメ騒動」等出演。最新刊『ヤットコスットコ女旅』（小学館）、エッセイ集『むかつくぜ！』『東京バカッ花』『すっぴん魂』シリーズ（文藝春秋）、絵本『しげちゃん』シリーズ（金の星社）他、電子書籍化含め著書多数。全国各地で〝しげちゃん一座絵本ライブ〟を開催中。

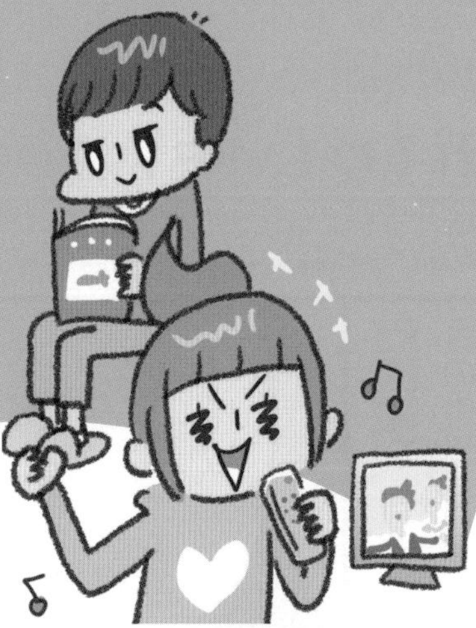

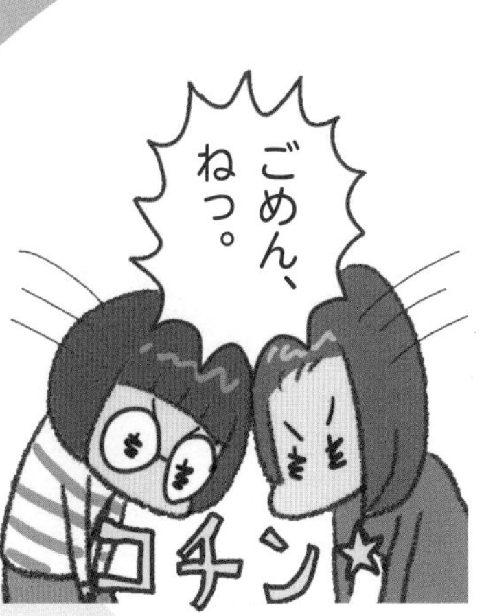
ごめん、ねっ。
コチン

PART 3

友《とも》だちと仲良《なかよ》くするには

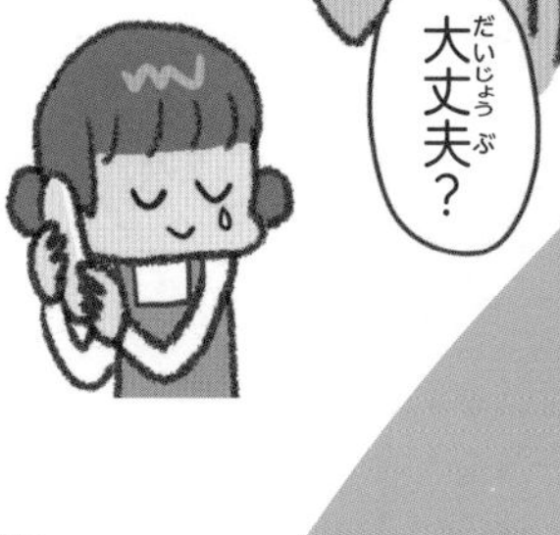
大丈夫《だいじょうぶ》?

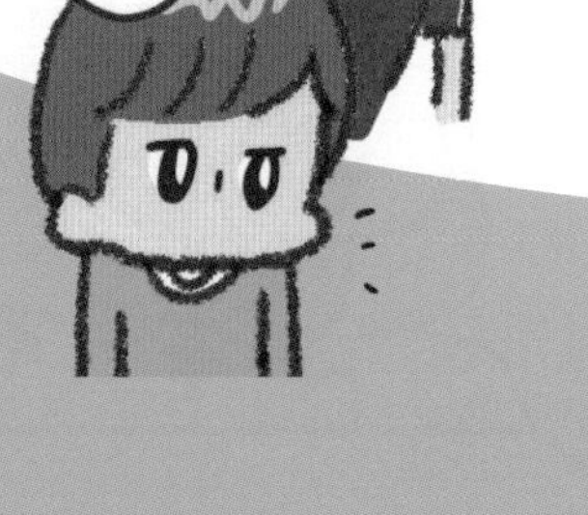
どうしたの?

おなやみ大研究《だいけんきゅう》❶【友《とも》だち編《へん》】

悪口《わるくち》は言《い》うのも、言《い》われるのもいや!

相談者《そうだんしゃ》:そらくんとまりんちゃん

この間《あいだ》、上級生《じょうきゅうせい》から「なんだ、かっこつけやがって」って言《い》われたんだよ。
望遠鏡《ぼうえんきょう》で月《つき》の表面《ひょうめん》を観察《かんさつ》してただけなのに。
カッコつけて気《き》どってんなー
ムシしよう、相手《あいて》にしないって思《おも》ったけど、何《なん》かショックで…。
キッキー、聞《き》いて!
クラスの男子《だんし》がダサい遊《あそ》びしてたから、「バッカみたい」って
笑《わら》ってたら、聞《き》こえちゃってて…。
もや〜ん
その後《あと》、何《なん》かいやーな気分《きぶん》になっちゃったの!!

悪口《わるくち》って、言《い》われるとどんな気持《きも》ち？
いやだ!! はらが立《た》つ!! 悲《かな》しい、くやしい、ショック!!
そうだよね。かげでこそこそ言《い》われたり、何人《なんにん》かで言《い》われたりしたら、ちょっとこわいしね。
あ〜もやもやするう〜
もし、悪口《わるくち》を言《い》われたら、こうしてみるのはどう？
1 聞《き》かなかったことにしてわすれる
2 わすれられなかったら、好《す》きなことをして、自分《じぶん》をごきげんにする
3 相手《あいて》に「そんなこと言《い》わないで」と伝《つた》える
やめて!!
これは、相手《あいて》が大勢《おおぜい》だと勇気《ゆうき》がいるね。がんばれ！
4 友《とも》だちや信頼《しんらい》できる大人《おとな》に相談《そうだん》する
りくん、実《じつ》はね…。
そうだったのか!?

そして、自分《じぶん》が悪口《わるくち》を言《い》うのはやめよう。
これって、言《い》うのはカンタン。でも、実行《じっこう》するのは大人《おとな》でもむずかしいよ。
またでた！
悪口《わるくち》って、自分《じぶん》が安心《あんしん》したりすっとした気持《きも》ちになったりすることがあるの。
人間《にんげん》には、そんな弱《よわ》い心《こころ》があるんだよ。もし、いやなことがあるなら、
それを直接《ちょくせつ》その子《こ》に伝《つた》えよう。これは、悪口《わるくち》とはちがうよ。
悪口《わるくち》を言《い》うと、その責任《せきにん》を自分《じぶん》でとらなくてはいけないときがやってくる。
悪口《わるくち》は、相手《あいて》だけでなく、自分《じぶん》を苦《くる》しめることにもなるんだよ。
プイ
いやなこと言《い》っちゃったなっていう後悔《こうかい》だったり、その悪口《わるくち》が原因《げんいん》で仲《なか》が悪《わる》くなってしまったり…。
「口《くち》は災《わざわ》いのもと」ということわざもあるからね！

きみは、悪口《わるくち》を言《い》われたらどう思《おも》う？

おなやみ大研究《だいけんきゅう》❷【友《とも》だち編《へん》】

約束《やくそく》を守《まも》ってほしい！

相談者《そうだんしゃ》：りくくん

りくくん、今日《きょう》はどうしたんだい？
ズーン…
最近《さいきん》、約束《やくそく》を守《まも》ってくれない子《こ》がいるんだ。
約束《やくそく》を守《まも》ってくれないと、はらが立《た》つし悲《かな》しいよ。
たとえば
公園《こうえん》で長《なが》い時間《じかん》待《ま》たされたり…。
ポツン…
かした本《ほん》をなかなか返《かえ》してくれなかったり…。
昨日《きのう》だって、遊《あそ》ぶ約束《やくそく》をしてたのに
あれ、ほかの子《こ》と遊《あそ》んでる…？
ぼくのことなんて、どうでもいいと思《おも》われてるみたい…。
約束《やくそく》したら、守《まも》ってほしいんです!!

約束《やくそく》を守《まも》ってもらうには、どうすればいいんだろうね。
うーん…
まず、相手《あいて》にたしかめてみよう。もしかしたら、大事《だいじ》なことがあって
確認《かくにん》
約束《やくそく》を守《まも》れなかったのかもしれない。おたがいにかんちがいをしていた可能性《かのうせい》もあるよ。
相手《あいて》のことを想像《そうぞう》してみるのが大事《だいじ》なんだ。
そうだね。
よう…そら。昨日《きのう》、公園《こうえん》に来《こ》なかったけど、どうしたの？　約束《やくそく》してたよな。
あっ…、わすれてた!!
えっ、約束《やくそく》をやぶったのって、そらだったの!?
そしてね、気持《きも》ちは言葉《ことば》にして伝《つた》えよう！
ぼく、待《ま》ちぼうけで悲《かな》しかったよ。今度《こんど》はわすれないでくれよな。
ごめんね。
こんな伝《つた》え方《かた》はやめよう！
おこる
なきわめく
わざと約束《やくそく》をやぶる
ポツン…

あと、これは自分《じぶん》にも言《い》えること。
約束《やくそく》したことは守《まも》ろう！
でもな、何《なに》が起《お》きるかわからないのが人生《じんせい》だ。もし約束《やくそく》を守《まも》れなくなったら、そのことをちゃんと伝《つた》えよう。
そして、
守《まも》れないような約束《やくそく》は最初《さいしょ》からしないこと！
これが友《とも》だちを大切《たいせつ》にするっていうことだよ。
田辺聖子《たなべせいこ》（作家《さっか》）
よい友人《ゆうじん》に恵《めぐ》まれるには、自分《じぶん》が誠実《せいじつ》で、その友情《ゆうじょう》を育《そだ》てようとする、熱意《ねつい》がなくてはならない。そうでないと、せっかくよい友人《ゆうじん》を得《え》かけても、親《した》しさに馴《な》れて傷《きず》つけ、去《さ》らせてしまうこともある。
（『i-めぇ〜る』（世界文化社））

約束《やくそく》をやぶることについて、きみはどう思《おも》う？

おなやみ大研究《だいけんきゅう》③【友《とも》だち編《へん》】

かっとして、ひどいことを言《い》ってしまった！

相談者《そうだんしゃ》：たいきくん

ドーン
大《おお》きなもやさんを背負《せお》ってるねえ。何《なに》かなやみごと？
オレ、りくにひどいこと言《い》っちゃったんだ。かっとしちゃってさ…。
ワイワイ
さっきからじゃまなんだよ！
また負《ま》けだぜ、お前《まえ》が転校《てんこう》してこなきゃ強豪《きょうごう》チームだったのによ！
プイッ
えっ…。
次《つぎ》の日《ひ》
り、りく、ごめんな。昨日《きのう》言《い》ったこと…。
あ、うん。

ひどいこと言《い》っちゃったから、あやまったんだ。
むく むく
でも、ずっと気持《きも》ちがもやもやしてて…。
ちゃんとあやまったんだね、えらい!
でも、ぜんぜんすっきりしないんだよ。
そうだねえ。あやまったらゆるしてくれるかもしれない。でも、言《い》ってしまったことを、言《い》わなかったことにはできないんだよね。
あー、あの言葉《ことば》取《と》り消《け》したい!!
オレのもやもやはどうしたらいいんだよ、教《おし》えてくれよ!
どんどんもやもやが…
まず、言《い》ってしまったひどいことをわすれないようにしよう。
そして、これからのことを考《かんが》えよう。
これからは、思《おも》いやりのある言葉《ことば》を使《つか》おう。思《おも》いやりのない言葉《ことば》は、相手《あいて》も自分《じぶん》も苦《くる》しめてしまうよ。

でも、かっとしたら、また言《い》っちゃうかもしれないよ…。
では〜、大人《おとな》たいきさんから一言《ひとこと》!
かっとしたら、大《おお》きく3回《かい》深《しん》呼吸《こきゅう》だ!
深呼吸《しんこきゅう》?
ああ
そうだ、気持《きも》ちをしずめることができるからな。
子《こ》どものときのオレが、深呼吸《しんこきゅう》をするクセをつけてくれたおかげで、
今《いま》は、人《ひと》をきずつけることは言《い》わなくなったぜ。
今《いま》でしょ!!
未来《みらい》のオレのために、がんばってくれよ。
はい!!
こんなアドバイスも参考《さんこう》にしてね。
ひきたよしあき（コラムニスト・コミュニケーションコンサルタント）
つい言《い》いすぎてしまうあなたには、「絶対《ぜったい》言《い》わない言葉《ことば》」を作《つく》ることをおすすめします。そうすれば、けんかしてもすぐに仲直《なかなお》りできるようになるよ。
（「大勢の中のあなたへ」（『朝日小学生新聞』内のコラム））

きみは、相手《あいて》に「思《おも》いやりのある言葉《ことば》」で話《はな》せている？

おなやみ大研究《だいけんきゅう》④【友《とも》だち編《へん》】

きらいじゃないのに、やさしくできない！

相談者《そうだんしゃ》：みきちゃん

どうしてかわからないけど、ときどきすごく意地悪《いじわる》なことを思《おも》っちゃうんです。
ズーン
暗《くら》っ
たとえば…
キャッ
キャッ
ゆきなちゃん、その服《ふく》いいね。
ゆきなちゃんは、かわいいしお金持《かねも》ちだもんな。何《なん》でも買《か》ってもらえるし、人気者《にんきもの》で当《あ》たり前《まえ》だよね。
フンッ
たとえば…
ヒュン
ヒュン
ヒュン
二重《にじゅう》とび、できない…。
みき、見《み》てろよ。こうするんだよ。
プイ
たいきなんか、がんばらなくてもできるんだもん。こんなの不公平《ふこうへい》でずるい！
教《おし》えてくれようとしたのに、ムシしちゃったの…。
だばーっ
こんな意地悪《いじわる》な自分《じぶん》、いやなの!!

意地悪《いじわる》な自分《じぶん》にもやもやしたら、頭《あたま》をからっぽにする時間《じかん》を作《つく》ってみるといいよ。
もやーーん
ぼーっとしてみて、自分《じぶん》の中《なか》にどんな気持《きも》ちがあるのかを見《み》つめてみよう。
わたしのもやもや！
ズボッ
ぐるっ
これは、気持《きも》ちの中《なか》!?
ゆきなちゃんは、かわいいなあ。わたしは…かわいくないなあ。
たいきは、何《なん》でも運動《うんどう》ができてすごいなあ。わたしは運動《うんどう》オンチ…。
これも…。
わかった！わたし、うらやましいんだ！
そう、そんな気持《きも》ちがみきちゃんを意地悪《いじわる》にさせているのかもしれないよ。

これはアイルランドの文学者《ぶんがくしゃ》の言葉《ことば》だよ。
ジョージ・バーナード・ショー（劇作家《げきさっか》）
いつも自分《じぶん》をみがいておけ。あなたは世界《せかい》を見《み》るための窓《まど》なのだから。
自分《じぶん》を、みがく？
そうそう！
おふろでゴシゴシーって、ちゃうわ！
キッキーがのりツッコミした…
心《こころ》をみがくっていうことだよ。
自分《じぶん》をごきげんにして、気持《きも》ちをいつもきれいにしておこうっていう意味《いみ》だよ。
そうすれば、周《まわ》りの人《ひと》をやさしい気持《きも》ちで見《み》ることができるようになるんだ。
♪～
気持《きも》ちをきれいにする、かあ。
わたしは、お花《はな》を育《そだ》てたり、絵《え》をかいたりしていると、気分《きぶん》がよくなるよ！

きみは、意地悪《いじわる》な自分《じぶん》を感《かん》じたことある？

おなやみ大研究《だいけんきゅう》⑤【友《とも》だち編《へん》】

「ごめん」が言《い》えなかった…。

相談者《そうだんしゃ》：ひかるちゃんとさくらちゃん

今日《きょう》こそ、かわいいネコをかく！
できた。
これ、うちのカメレオンににてるー。
ガー
カメ…
ひどい！
えっ？かわいいって〜。
バカにしてる！
ムッ
バカにしてない！
一生懸命《いっしょうけんめい》かいたのに！
うちのかわいいカメレオンににてるんだよ。
まだ言《い》う気《き》？
やめなよー。ふたりでせーのであやまったら？
ひかるちゃんがかんちがいしただけだよ。
いや、わたし、悪《わる》くないもん！
かわいいってほめたのに、わたしだって悪《わる》くない！

大《おお》ゲンカ!
友《とも》だちなのにいやな気《き》持《も》ちにさせちゃった。
あれからさくらちゃん、口《くち》をきいてくれなくて、
ごめんねも言《い》えてないんだ…。
そんなつもりはなくても、相手《あいて》にいやな思《おも》いをさせてしまうことがあるんだ。
悪《わる》いことをしたなと思《おも》ったら、「ごめんね」ってすぐにちゃんと言《い》うことが大事《だいじ》だよ。
時間《じかん》がたつほど、どんどん言《い》いづらくなってしまうからね。
ちょーっと、待《ま》った!
あやまられたって、わたし、
ぜーーーったいゆるさないから!!
ツーン

そうだよね、すぐにはゆるせないっていう気《き》持《も》ちもあるよね。
あやまるのもゆるすのも、どっちもむずかしいことなんだよ。
マザー・テレサ（修道女《しゅうどうじょ》）
だれかを傷《きず》つけたとわかったら、まず先《さき》に謝《あやま》る人《ひと》になりましょう。わたしたちにはゆるし合《あ》うことが必要《ひつよう》だ、とわからなければ、人《ひと》をゆるすことはできません。
マハトマ・ガンジー（インド独立運動指導者《どくりつうんどうしどうしゃ》）
弱《よわ》い者《もの》ほど相手《あいて》をゆるすことができない。ゆるすという気《き》持《も》ちは強《つよ》さの証《あかし》なのだ。
悪《わる》いと思《おも》ったときは、すぐにあやまる。そして、
相手《あいて》の「ごめんね」をちゃんと聞《き》いてあげよう。
・・・
・・・
ごめん、ねっ。
コチン☆
よかったー。って、ふたりとも大丈夫《だいじょうぶ》？
気《き》をつけてよ、ひかるちゃん！
さくらちゃんこそ！
ケンカするほど仲《なか》がいい…か!?

きみは、ちゃんと「ごめん」って言《い》えてる？

おなやみ大研究《だいけんきゅう》❻【友《とも》だち編《へん》】

親切《しんせつ》のつもりだったのに…。

相談者《そうだんしゃ》：さくらちゃん

わたし、おせっかいみたいなんです。
この間《あいだ》、男子《だんし》に言《い》われたんです…。
また、さくらのおせっかいが始《はじ》まったぞ～。
わたしが親切《しんせつ》のつもりでしていたことって、おせっかいだったのかな。
キーーッ プライドもズタズタよ
おせっかい1
そらくん、日直《にっちょく》の仕事《しごと》で大変《たいへん》そうだったから、生《い》き物係《ものがかり》の仕事《しごと》はやっておいたよ！
自分《じぶん》のペースでやりたいから、勝手《かって》にボクの仕事《しごと》しないでよ。
めだかのえさやりやりたかったのに…
おせっかい2
ひかるちゃん、たまにはこんなふうに髪型《かみがた》変《か》えてみたら？
わたし、こんなのいやだ。
そもそもアドバイスたのんでないし。

友《とも》だちに親切《しんせつ》にしたいという、その気持《きも》ちはとても大事《だいじ》だよ！
だけど、自分《じぶん》がしてあげたいことと、相手《あいて》がしてほしいこととが、ちがっていたらどうかな？
たとえば、こんなこととか。
重《おも》そうだから持《も》ってあげるね！
ザ
あっ
筋《きん》トレのために、わざと持《も》ってんだけど…。
ええっ～、たいきくん、自分《じぶん》で持《も》ちたかったの!?
こんなふうに、相手《あいて》にとってはおせっかいになる場合《ばあい》もあるんだ。
ガーン
えっ…。
そんな！
それなら、親切《しんせつ》なんてしないほうがいいじゃない！
うわーん

落《お》ち着《つ》いて！
こんな言葉《ことば》があるよ。
え？
瀬戸内寂聴《せとうちじゃくちょう》（尼僧《にそう》・小説家《しょうせつか》）
本当《ほんとう》のやさしさとは、相手《あいて》を理解《りかい》し、相手《あいて》の心情《しんじょう》を思《おも》いやる想像力《そうぞうりょく》をもつことです。
『あきらめない人生　寂聴茶話』（小学館）
「相手《あいて》を理解《りかい》する」とか「心情《しんじょう》を思《おも》いやる」とか、むずかしいよ…。
「手伝《てつだ》おうか？」「何《なに》かこまってる？」って聞《き》いてみるのはどう？
そうしたら、相手《あいて》から「○○してほしい」ってたよってくれるかも。
自分《じぶん》にできそうなことなら手伝《てつだ》ってあげよう。
相手《あいて》が喜《よろこ》ぶことをすれば、おせっかいじゃなくなるよ。
うんせ
うんせ
今日《きょう》も荷物《にもつ》いっぱい。大変《たいへん》そう…。
何《なに》か、手伝《てつだ》うことある？
筋《きん》トレ効果《こうか》アップだぜ

きみは、「おせっかいをしちゃったな」って感《かん》じたことはある？
そのとき、相手《あいて》はどんな気持《きも》ちだったのかな？

おなやみ大研究《だいけんきゅう》7【友《とも》だち編《へん》】

苦手《にがて》な子《こ》とも、仲良《なかよ》くしなきゃいけない？

相談者《そうだんしゃ》：そらくん

そら、今回《こんかい》は、どんなことになやんでいるの？
同《おな》じ生《い》き物係《ものがかり》で、ちょっと苦手《にがて》な子《こ》がいるんだ。
雨宮《あめみや》くん、ちょっと話《はな》しかけづらくて…。
話《はな》しかけてもそっけないっていうか。
えっと…メダカのエサを…
あんまりしゃべってくれないんだよね。
雨宮《あめみや》くんは、ぼくのことがきらいなんだよ。ぼくだって、そんなに好《す》きじゃないしさ。
そういう子《こ》とも、仲良《なかよ》くしなきゃいけないのかなあ。
仲良《なかよ》くしたくないなら、つき合《あ》わなくていいんじゃない？

でも！　苦手《にがて》な子《こ》だからって、ムシしたり意地悪《いじわる》したりするのはやめよう。
同《おな》じクラスの仲間《なかま》だから、親切《しんせつ》にしようね。そして、こんなことを言《い》っている人もいるよ。
アリストテレス（哲学者《てつがくしゃ》）
垣根《かきね》は相手《あいて》がつくっているのではなく、自分《じぶん》がつくっている。
もしかしたら、そらが苦手《にがて》だって思《おも》いこんでいるだけかもしれないよ。
《そらが思《おも》っていること》
雨宮《あめみや》くんは、ぼくのことがきらいなのかも。
《雨宮《あめみや》くんが思《おも》っていること》
そらくんは、ワタシのことがきらいなのかも。
せっ
せっ
えっ、ぼくの気《き》のせいってこと？
自分《じぶん》が心《こころ》をとざしてしまうと、相手《あいて》もそれを感《かん》じとって、同《おな》じような態度《たいど》になってしまうんだよ。

ぼくからのアドバイスは、これ！
苦手《にがて》だなあと思《おも》ってつきあうのをやめる前《まえ》に、その子《こ》のことをよく観《かん》察《さつ》してみて！
実《じつ》はとてもおもしろい子《こ》だったとか、新《あたら》しい発見《はっけん》があるかもしれないよ。
ほーら いっぱい お食《た》べ♡
意外《いがい》とひょうきんとかね。
話《はな》しかけてる。
ティー ティー
ティー ティ ティ
ギャハハハ
マンガ
いつもは無口《むくち》なのに…
友《とも》だちとのつき合《あ》い方《かた》には、いろんな考《かんが》えがあるよ。そらは、どう思《おも》う？
うーん、そうだなあ。

きみは、苦手《にがて》な子《こ》にどう接《せっ》している？

おなやみ大研究《だいけんきゅう》⑧【友《とも》だち編《へん》】

仲間外《なかまはず》れはいや！

相談者《そうだんしゃ》：まりんちゃん

あっ、みきちゃん来《き》たよ。
いっ
えっ？
ヤバイ、かくして！
何《なに》？
あっ、まりんちゃん、おは…
ダッ
えっ…!?
うわーん
何《なん》でみんな、わたしのことムシするの！
わっー、ちがうの、みきちゃん！
お誕生日《たんじょうび》、おめでとう!!
パー
サプライズのおいわいだよ！
へっ…？仲間外《なかまはず》れにされてると思《おも》ってた。
へへ、ごめん。
……で、今回《こんかい》はよかったんだけど…
仲間外《なかまはず》れって、絶対《ぜったい》にされたくないのに、自分《じぶん》はどうして人《ひと》にはしちゃうことがあるのかな？
ふむふむ

じゃあ、質問《しつもん》！
グループの中《なか》で、だれかがだれかを、仲間外《なかまはず》れにしようって言《い》ったらどうする？
A そんなこと、したくないって言《い》う
NO《ノー》！
B みんなに合《あ》わせる
ごめん
C そのグループからはなれる
そ〜っ
D 仲間外《なかまはず》れにされそうな子《こ》の味方《みかた》になる
いっしょにいるよ♡
次《つぎ》は、この質問《しつもん》！
もし、自分《じぶん》が仲間外《なかまはず》れにされたらどうする？
A 仲間外《なかまはず》れはやめてって言《い》う
おねがい！
B 平気《へいき》なふりをして、話《はな》しかける
おはよー
C そのグループからはなれる
そっ
D 信頼《しんらい》できる人《ひと》に相談《そうだん》する
先生《せんせい》
実《じつ》は…
よーく考《かんが》えてみて。まりんなら、どうする？
ええっ、こんなの答《こた》えられないよ、どれもいや！

そうだね、みんなで仲良《なかよ》くしたいよね。これは、『キン肉《にく》マン』っていうマンガのセリフ！
友情《ゆうじょう》は成長《せいちょう》のおそい植物《しょくぶつ》である。それが友情《ゆうじょう》という名《な》の花《はな》を咲《さ》かすまでは、幾度《いくたび》かの試練《しれん》・困難《こんなん》の打《だ》撃《げき》を受《う》けて耐《た》えねばならぬ――
『キン肉マン　第36巻』ゆでたまご・著（集英社）
けど、「仲間外《なかまはず》れにしないで」とか「仲間《なかま》外《はず》れはやめよう」って言《い》う勇気《ゆうき》もないよ。
うんうん。
やめようって言《い》って、代《か》わりに自分《じぶん》が仲間外《なかまはず》れにされたらいやだし…。
そうだよね
その先《さき》どうなるかはわからないし…。こんなことわざもあるよ。
悪人《あくにん》の友《とも》を捨《す》てて善人《ぜんにん》の敵《てき》を招《まね》け（たとえ相手《あいて》が敵《てき》だったとしても、友《とも》だちはよい人間《にんげん》を選《えら》べ）
自分《じぶん》と同《おな》じように考《かんが》えている子《こ》が、ほかにもいるかもしれないよ。「こうしたらいい」って思《おも》うことを勇気《ゆうき》を出《だ》してやってみたら、同《おな》じ気持《きも》ちの子《こ》が集《あつ》まってくるんじゃないかな。
そうかー

きみは、「仲間外《なかまはず》れ」ってどう思《おも》ってる？

おなやみ大研究《だいけんきゅう》❾【友《とも》だち編《へん》】

み〜んなに好《す》かれたい！

相談者《そうだんしゃ》：みきちゃん

えっ、あの…その…。
わたし…えっと…。
みきちゃん、わたしたちはスカート派《は》でしょ？
スカートってかわいいよね
ねー
この前《まえ》はパンツが好《す》きって言《い》ってたよね？
パンツかっこいい!!♥
みきちゃん！
キャーー
本当《ほんとう》は、どっち派《は》なの!?
ってことがあったんだけど…
キッキー、わたしみんなにきらわれたくないの。
みきちゃんは、きわられたくない仮面《かめん》をかぶっているねえ。
キラワレタクナイカメン？
本音《ほんね》をかくす仮面《かめん》だよ。これをかぶるとつい他人《たにん》に話《はなし》を合《あ》わせてしまうんだ。

さっそく、
質問《しつもん》！
え？
本音《ほんね》を言《い》わないでつながっている友《とも》だち、それは友《とも》だちなの？
だって、本当《ほんとう》のことを言《い》ったらきらわれちゃう…。
みきちゃんは、まりんが本音《ほんね》を言《い》ってくれなくてもいいの？
それは、いや!!
ここで、スペシャルゲストです。
大人《おとな》みきちゃんから一言《ひとこと》！
わたし、大人《おとな》になってみてわかったわ。
話《はなし》を合《あ》わせて本音《ほんね》をかくしていたら、結局《けっきょく》だれとも仲良《なかよ》しにはなれないのよ。
自分《じぶん》の気持《きも》ちを伝《つた》えなかったら、相手《あいて》の気持《きも》ちもわからないままになってしまうからね。

だから、思《おも》い切《き》って仮面《かめん》を外《はず》そう!
キラワレタクナイは卒業《そつぎょう》よ。
サマセット・モーム（作家《さっか》）
人《ひと》は、友人《ゆうじん》をその長所《ちょうしょ》ではなく短所《たんしょ》によって覚《おぼ》えているのである。
『サミング・アップ』（岩波書店）
話《はなし》を合《あ》わせて、みんなにいい顔《かお》をするんじゃなくて、
いいところも悪《わる》いところも、全部《ぜんぶ》知《し》ってもらおう。
そっか…まりんちゃんとは、もうそんな関係《かんけい》だよね。
そんなふうに、おたがいのことをわかり合《あ》える友《とも》だちがふえたらすてきだね。
うん、わたしやってみる!

きみは、「きらわれたくない仮面《かめん》」をかぶったことはある？　それはどんなときかな？

おなやみ大研究《だいけんきゅう》⑩【友《とも》だち編《へん》】

友《とも》だちの元気《げんき》がなかったら、どうすればいい？

相談者《そうだんしゃ》：そらくん

最近《さいきん》さ、たいきの様子《ようす》が変《へん》なんだよ。
どう変《へん》なの？
うーん…
いつもより声《こえ》が小《ちい》さいし…。
たいき、おはよー。
ああ…うん…。
いつもは、たいきからあいさつしてくれるのに…。
えっ、大盛《おおも》りじゃなくていいの？
たいきが休《やす》み時間《じかん》に座《すわ》ったまま!!
ぼーっ
ぜんぜん元気《げんき》がないんだよ。どうしちゃったのかなあ。
うーん、それは心配《しんぱい》だね。

じゃあ、質問《しつもん》！
Q
もしそらがぎゃくの立場《たちば》だったら、どうしてほしい？
A 声《こえ》をかけて、話《はなし》を聞《き》いてほしい
B そっとして、ほうっておいてほしい
C いつもと同《おな》じように接《せっ》してほしい
D 「がんばれ」ってはげましてほしい
どうしたの？
きのうのTV《テレビ》みた？
ガンバローゼ！
ほっ
う〜ん…。いつもどおりにしてほしい気《き》もするし、
はげましてほしい気《き》もするし…。
じゃあ、たいきくんはどうだろう？
？
？
？
さっぱりわからないよ。
だったら、「どうしたの？」って聞《き》いてみたらいいんじゃない？

シラー（詩人《しじん》・劇作家《げきさっか》）
友情《ゆうじょう》は喜《よろこ》びを二倍《にばい》にし、悲《かな》しみを半分《はんぶん》にする。
二重《にじゅう》とびできた！
やったーっ
相手《あいて》のことを自分《じぶん》のことのように喜《よろこ》んだり
オレ0点《てん》なんて
つらいことを、分《わ》かち合《あ》ったり
そういうふうに、そっとよりそってあげられたらいいね。
あっ、そうだねえ。
たいき、元気《げんき》がないけど何《なに》かあったの？
実《じつ》はさ、うちのばあちゃんが入院《にゅういん》しちゃってよ…。
ぼくもおみまいに行《い》きたいな。カードをかいて持《も》っていこうよ！
えっ、いいのか!?
ばあちゃん
早《はや》くよくなってね!!
たいき

落《お》ちこんでいるとき、きみだったらどうしてほしい？

おなやみ大研究《だいけんきゅう》⑪【友《とも》だち編《へん》】

みんなの意見《いけん》に合《あ》わせたくない！

相談者《そうだんしゃ》：たいきくん

調理実習《ちょうりじっしゅう》でじゃがいも料理《りょうり》を作《つく》ることになってさ。メニューをみんなで相談《そうだん》したんだ。
…
肉《にく》じゃがの人《ひと》！
はーい!!
おいっ、いもは、ふかしてバターのせて食《く》うのがうまいぞ！
そんなの料理《りょうり》じゃないからイヤ!!
うちの農家《のうか》のじいちゃんが言《い》うんだからまちがいないぞ！
では、多数決《たすうけつ》をとりましょう。
肉《にく》じゃが 正正正正正
・ふかし 一
肉《にく》じゃがに決《き》まりでーす。
オレ、ずっと納得《なっとく》いかなくてさ。実習中《じっしゅうちゅう》もぜんぜん楽《たの》しくなかったよ。
むっすー
多数決《たすうけつ》なんて、おかしいよ。

多数決《たすうけつ》は、人《ひと》がたくさんいるときに意見《いけん》をまとめるための方法《ほうほう》だよ。
少数派《しょうすうは》の意見《いけん》はなかなか通《とお》らないけど、それで決《き》まってしまったものは仕方《しかた》ない。
はあ〜。ふかしたじゃがいもにバターをのせたうまさを、みんなにも知《し》ってもらいたかったなあ。
でも、たいきくん、自分《じぶん》の考《かんが》えをしっかり言《い》えてえらかったね！
そしてね、そんなふうに、納得《なっとく》いかないことを考《かんが》え続《つづ》けるのも大切《たいせつ》なことなんだよ。
えっ、そう？オレ、エライ？
ヤリー♡
…

そのうえで、こんなふうにとらえてみるのもいいよ。
老子《ろうし》（思想家《しそうか》）
弱《じゃく》の強《きょう》に勝《か》ち、柔《じゅう》の剛《ごう》に勝《か》つ
（しなやかなものが強《つよ》いものに勝《か》ち、柔《やわ》らかいものがかたいものに勝《か》つ）
自分《じぶん》の考《かんが》えにとらわれすぎないで、ゆずり合《あ》ったり、仲間《なかま》と協力《きょうりょく》し合《あ》ったりすることでも、ものの見方《みかた》は広《ひろ》がっていくよ。
どうぞ
うんしょ うんしょ
オレ、ちょっとこだわりすぎてたな…。楽《たの》しみにしていた調理実習《ちょうりじっしゅう》をつまらなくしちゃったよ、反省《はんせい》！
反省《はんせい》…
おい、じゃがバター作《つく》ってやるから、今度《こんど》うち来《こ》いよ！

きみだけみんなと意見《いけん》がちがう……こんなときはどうする？

おなやみ大研究《だいけんきゅう》⑫【友《とも》だち編《へん》】

友《とも》だちといっしょにいるのがいやなとき、どうする？

相談者《そうだんしゃ》：まりんちゃん

・・・・
ねえ、キッキー。
わたし、ちょっと変《へん》かもしれない。
どうしたの？
友《とも》だちと遊《あそ》ぶのって大好《だいす》きなんだけど、ときどき、ひとりのほうがいいなって思《おも》うことがあるんだ。
ふむふむ、それで？
さそわれても、今日《きょう》はひとりで家《いえ》にいたいなって思《おも》っちゃうの。
ふむふむ。
ひとりでいたいって思《おも》うのは、変《へん》なのかな？

ひとりがいいって思《おも》うのは、とっても自然《しぜん》なことだよ。変《へん》じゃない！
叶恭子《かのうきょうこ》
（ライフスタイルプロデューサー）
あたりまえのことではありますが、どんなに仲《なか》の良《よ》い友《とも》だちであったとしても、その人《ひと》と一生《いっしょう》、一緒《いっしょ》にすごすわけではありません。
〔『叶恭子の知のジュエリー12ヵ月』（理論社）〕
田口《たぐち》ランディ（作家《さっか》）
人《ひと》づきあいは難《むずか》しいんだよ。何歳《なんさい》になっても人《ひと》づきあいは難《むずか》しい。誰《だれ》にとっても難《むずか》しい。だからね、自分《じぶん》と親友《しんゆう》になっておくといいんだ。自分《じぶん》ってのは、じつに頼《たよ》りになるんだよ。
〔『「ありがとう」がエンドレス』（晶文社）〕
自分《じぶん》と一生《いっしょう》いっしょにいるのは、自分《じぶん》なんだよ。その自分《じぶん》と仲良《なかよ》くするのも、楽《たの》しくすごすには大事《だいじ》なこと。
ひとりになりたいって思《おも》うときは、そのチャンスだよ。
自分《じぶん》と仲良《なかよ》くする、かあ。
わたしよろしくね♡

でも、ひとりになりたくなるのはどうしてなんだろう？
友《とも》だちとすごすのは楽《たの》しいのにね。
仲良《なかよ》くしたい気持《きも》ちがあるから、自分《じぶん》でも気《き》づかないうちに、話《はなし》を合《あ》わせてしまったり、空気《くうき》を読《よ》んだりしているのかもしれないよ。
それで、少《すこ》しつかれてしまうのかもしれない。
だよねー
ねー
キョロ
キョロ
これを「気《き》づかれ」って言《い》うんだ。
そんなときは、こんなふうにしてみてね。
❶友《とも》だちに合《あ》わせるばかりではなく、自分《じぶん》の気持《きも》ちも伝《つた》えるようにする
❷「みんなといっしょだと安《あん》心《しん》」という気持《きも》ちから、はなれてみる
❸ひとりですごす時間《じかん》を作《つく》る

きみが、「ひとりになりたい」って思《おも》うのはどんなとき？

おなやみ大研究《だいけんきゅう》⑬【友《とも》だち編《へん》】

わたしのことを知《し》らないのに、決《き》めつけないで！

相談者《そうだんしゃ》：ひかるちゃん

あるとき…
生《い》き物《もの》で何《なに》が好《す》き？
わたしはネコ
カメレオン！あと、カエル！
ギョッ
そうなんだ…。変《か》わってるね。
また、あるとき…
そんなに急《いそ》いでどこ行《い》くの〜？
かわいい…♡
ひとりで何《なに》しゃべってるんだよ、変《へん》なヤツ。
しかもそんなところで…
わたしのこと知《し》りもしないのに、変《へん》なヤツなんて
決《き》めつけないでよ！
自分《じぶん》のことや好《す》きなものを「変《へん》だ」って言《い》われたら悲《かな》しいよね。でも、そんなこと気《き》にしないで、ひかるちゃんらしくそのままでいてほしいな。

変《へん》って言《い》われたら、気《き》になるし落《お》ちこんじゃう…。
じゃあ、元気《げんき》になれる言葉《ことば》はこちら！
オードリー・ヘップバーン（女優《じょゆう》）
人《ひと》がどう思《おも》おうと、私《わたし》は私《わたし》。自分《じぶん》の道《みち》を行《い》くだけよ。
水木《みずき》しげる（マンガ家《か》）
好《す》きの力《ちから》を信《しん》じる。
『水木サンの幸福論―妖怪漫画家の回想―』（日本経済新聞出版）
人《ひと》から何《なに》を言《い》われても気《き》にすることはないよ。好《す》きなものは好《す》き！
自分《じぶん》の「好《す》き」が、自分《じぶん》の味方《みかた》になって助《たす》けてくれるよ。
それにね、ひかるちゃんが好《す》きなものを、好《す》きだって言《い》ってくれる人《ひと》も必《かなら》ずいるよ。
えーっ、本当《ほんとう》かなあ。
子《こ》どものわたし、気《き》の合《あ》う友《とも》だちにもうすぐ出会《であ》うわよ！
今《いま》はイグアナかってるわ♡

きみは、「決《き》めつけられた」って思《おも》ったことはある？
そのとき、どんな気持《きも》ちだったのかな？

これって、いじめなのかな？

あとちょっとなのに。
練習《れんしゅう》いやだけど、やるしかないか…。
いやでもやるしかないっていう場面《ばめん》は、だれにでもあるよね。じゃあ、次《つぎ》のようなことが起《お》きたときは、どうする？
だれかがいじめられている…
あっ…
え!?
こんなとき、自分《じぶん》にできることは何《なん》だと思《おも》う？
むずかしい問題《もんだい》だけど、考《かんが》えてみよう。
「いじめはやめて」って言《い》いたいけど、それで自分《じぶん》がいじめられたらこまる…。
ぼく、気《き》づかないふりをしちゃうかも…。
こんなふうにしてみるのはどうかな。

1 信頼《しんらい》できる大人《おとな》をさがして相談《そうだん》する
たとえば…
●たんにんの先生《せんせい》
●保健室《ほけんしつ》の先生《せんせい》
●学校《がっこう》で好《す》きな先生《せんせい》
●おうちの人《ひと》
先生《せんせい》、相談《そうだん》があります。
お母《かあ》さん、実《じつ》はね…。
2 いじめられている子《こ》の味方《みかた》になる
いじめっ子《こ》の前《まえ》で行動《こうどう》するのは、とても勇気《ゆうき》がいるよね。そんなときは、こんな方法《ほうほう》もあるよ。
たとえば…
●手紙《てがみ》や電話《でんわ》ではげます
●学校以外《がっこういがい》の場所《ばしょ》で会《あ》ってみる
●その子《こ》のそばにいてあげる
大丈夫《だいじょうぶ》？
「いじめ」は、絶対《ぜったい》にいけないこと。だれかがいじめられているのに気《き》づいたら、どんなに小《ちい》さなことでもいい。勇気《ゆうき》を出《だ》して行動《こうどう》できたらいいね。

もしも、自分《じぶん》がいじめにあったら…
いこう
ぜーったいに、イヤ!!
そうだよね。でも、万《まん》一《いち》そんなことがあったら、次《つぎ》の方法《ほうほう》をためしてほしいんだ。
1 必《かなら》ず、信頼《しんらい》できる大人《おとな》に相談《そうだん》する
2 いじめてくる子《こ》からはなれる
3 がまんしない
4 たいしたことじゃないと思《おも》わない
5 「自分《じぶん》が悪《わる》いからいじめられるんだ」と考《かんが》えない
先生《せんせい》あのね
サササッ
やめて
ヒドイ!
ぼくは悪《わる》くない!!
「いじめ」は、いじめる側《がわ》の問題《もんだい》だよ。
うん
そうだよね
味方《みかた》がどこかにいることを信《し》じて、必《かなら》ずだれかに相談《そうだん》をしてほしい。

身近《みぢか》に相談《そうだん》できる人《ひと》がいないときは、
電話《でんわ》やメールで相談《そうだん》できるところがあるよ。
秘密《ひみつ》は守《まも》られるから安心《あんしん》してね。

こまったときはここに連絡《れんらく》してみよう

電話《でんわ》で相談《そうだん》できるところ

通話料《つうわりょう》はかからないよ。

- 24時間《じかん》子供《こども》SOS《エスオーエス》ダイヤル

0120-0-78310　※24時間《じかん》いつでも。

https://www.mext.go.jp/ijime/detail

- 子《こ》どもの人権《じんけん》110番《ばん》

0120-007-110　※平日《へいじつ》午前《ごぜん》8時半《じはん》～午後《ごご》5時《じ》15分《ふん》

http://www.moj.go.jp/JINKEN/jinken112.html

- チャイルドライン®

0120-99-7777　※毎日《まいにち》午後《ごご》4時《じ》～午後《ごご》9時《じ》

https://childline.or.jp/tel

メールで相談《そうだん》できるところ

- 子《こ》どもの人権《じんけん》SOS《エスオーエス》　e《イー》メール

https://www.jinken.go.jp/soudan/PC_CH/0101.html

チャットで相談《そうだん》できるところ

- チャイルドライン®

https://childline.or.jp/chat

※午後《ごご》4時《じ》～午後《ごご》9時《じ》

チャットができる日《ひ》はかぎられているので、ホームページでたしかめよう。

※2021年2月現在の情報です。

インターネットでの友《とも》だち関係《かんけい》

わっ、さくらちゃんスマホ持《も》ってるんだ！
うちは、パパもママも働《はたら》いてるからね、いつでも連絡《れんらく》できるようにって。
あーっ
わたしも早《はや》くほしいな〜。お母《かあ》さんなんか自分《じぶん》だけ友《とも》だちとやっててさ、楽《たの》しそうなんだもん。
友《とも》だちと、SNS《エスエヌエス》のやりとりができたら楽《たの》しいよね。
みょん
メッセージだったら、思《おも》いついたときに、いつでも送《おく》れるし！
きいて！
あのね、
今日《きょう》こん
へえ。
キッキー
どうやって
キッキー、カノジョいたんだ。
ふーん。そんなにいいの？
そうだねえ。
楽《たの》しいだけじゃないかもね。文字《もじ》だけのやりとりは、誤解《ごかい》やかんちがいも多《おお》いんだよ。
ええっ
そうなの!?

相手《あいて》の表情《ひょうじょう》やふんいきがわからないからね。
たとえば…
返事《へんじ》が来《こ》なくてケンカになる。
どうして返事《へんじ》くれないの!!
連絡《れんらく》が来《き》てたのに気《き》づかなかったんだよ。
いーだろ・う
たとえば…
〈メッセージの場合《ばあい》〉
明日《あした》、うちに来《こ》ない?
行《い》かない
ガーン
みきちゃん冷《つめ》たい…
伝《つた》える内容《ないよう》は同《おな》じだけど、文字《もじ》で読《よ》むだけだと相手《あいて》のふんいきがわからないから、ショックを受《う》けることもあるんだ。
〈会《あ》って言《い》う場合《ばあい》〉
わかった。
明日《あした》はだめなの。ごめんね。
そっかー。むずかしいんだね。
でもね、メールなどのメッセージでも、会《あ》って話《はなし》をするときでも、友《とも》だちへの接《せっ》し方《かた》は変《か》わらないよ。
思《おも》いやりをわすれなければ、大丈夫《だいじょうぶ》!

世界《せかい》は広《ひろ》い！
つらいときは、安心《あんしん》できる場所《ばしょ》へ

もー、子《こ》どもって大変《たいへん》!!
ほんとだよね。学校《がっこう》行《い》ったり宿題《しゅくだい》したりさ。
何《なに》それ。そんなことじゃないよ。お子《こ》ちゃまね。
ほんとそらは〜
ムッ
じゃあ、まりんは何《なに》が大変《たいへん》なんだよ？
友《とも》だちとのことになやんだり、それで学校《がっこう》に行《い》きたくない日《ひ》があったり…。なんとなく、いや〜な気分《きぶん》のときもあるの！
おっとっとー。それは…
もやもやおばけの、もやさんがついてるとき！
正解《せいかい》〜〜！
もや

そんなときは、原因《げんいん》を考《かんが》えて、もやもやを感《かん》じる場所《ばしょ》や人《ひと》からはなれてみよう。
？？
「学校《がっこう》に行《い》きたくない」って思《おも》うときは、ほかの安心《あんしん》できる場所《ばしょ》のことを考《かんが》えてみて。
この人《ひと》といるとほっとできる、そんな人《ひと》も見《み》つかるといいね。
たとえば…おばあちゃんの家《いえ》
なんか落《お》ちつく♡
たとえば…児童館《じどうかん》
でね それでね
たとえば…図書館《としょかん》
たとえば…公園《こうえん》
ぐるん ぐるん
うりゃー
ほっとできる場所《ばしょ》があれば、つらいことだけで気持《きも》ちがいっぱいにならなくなるよ。
居場所《いばしょ》をつくろう

それに、安心《あんしん》できる場所《ばしょ》や人《ひと》っていうのは、実際《じっさい》に行《い》ける場所《ばしょ》や、会《あ》える人《ひと》じゃなくてもいいんだよ。
えっ、どういうこと？
たとえば、マンガや小説《しょうせつ》の中《なか》の世界《せかい》。
好《す》きなアーティストやお笑《わら》いの世界《せかい》。
コントを見《み》てたら、大笑《おおわら》いしていやなこともわすれちゃう！
好《す》きな歌《うた》を聞《き》くと元気《げんき》が出《で》るよね！
ぼくは、ゴーゴーボールを読《よ》むと楽《たの》しくなるよ。
おっす！

自分《じぶん》の好《す》きなものが、ほっとする場所《ばしょ》を作《つく》ってくれることもあるんだ。
かわいい♥
いけーーっ
おばあちゃんちに行《い》って、超特快《ちょうとっかい》の曲《きょく》聞《き》いてくる！
ぴょーん
もやもやしてそのことばかり考《かんが》えてしまうときは、
自分《じぶん》の周《まわ》りには、安心《あんしん》できる場所《ばしょ》や人《ひと》、
スラスラ〜ッ
好《す》きなものがあるっていうことを思《おも》い出《だ》そう。
そこで自分《じぶん》を大事《だいじ》にして、気持《きも》ちを落《お》ち着《つ》けよう。きっと元気《げんき》が出《で》てくるよ。
歌《うた》う
体《からだ》を動《うご》かす
本《ほん》を読《よ》む
ペットと遊《あそ》ぶ

おわりに

保護者のかたへ

私は、子どもから大人まで診る精神科医です。薬物療法も行いますが、それはある意味補助的で、特に対人関係療法（治療効果が科学的に証明されている精神療法）を専門としています。

対人関係療法とは、簡単に言えば「対人関係のストレスを解決し、対人関係の力を借りる」治療法です。

すでに30年近く専門にしてきていますので、人と人との関係がどれほど心の健康に関わるか、身をもって体験してきました。

本書は、対人関係について、小学生のうちから原則を理解してもらうことを目的としています。思春期になり、対人関係のために心を病む子が多いということを考えると、早く教育しても悪いことはないと思います。

子どもから大人まで、多くの患者さんを診ていると、いじめ関連で悩む方がとても多いです。いじめ問題は本当に深刻です。人格否定だからです。精神科医としていろいろな患者さんを診ていて、いじめと無関係な人を見つけるのは難しいのが現代です。もちろん、いじめられている人をかばえば自分がいじめの標的になる、という恐怖は理解できますし、多くの子どもがそう考えて行動しているのではないでしょうか。

最もいじめが目立つのは中学生です。「群れる」という行動は、例えば、女子であれば小学生高学年くらいから普通に見られます。群れるのが苦手な子、合わない子は、疎外され、いじめの対象となってしまうことが多いのです。また、本意ではないけれども、疎外されるのが嫌で「群れ」に入ってしまっている子も多いものです。いじめられ体験は、大人になってから、さまざまな心の病につながっていくことも少なくありません。

本書は、できるだけ早くから、人間関係の本質をわかってもらおうとして書かれた本です。人はそれぞれ多様な存在です。それぞれの事情、それぞれの家庭の事情があります。何でも相手と合わせることが「仲よしの友達」ではなく、事情を慮って、信頼関係を築くのが友達です。

大人の方へのお願いです。本書はポイントごとに書かれていますが、そこに書いてあることを子どもがやったらぜひほめてほしいのです。「こういうことが不安だっただろうに、よくできたね。」というように。

親の不安は子どもに伝染します。いじめが放置されるのも、「うちの子どもがいじめられたらどうしよう」という親の不安が子どもにも大きく影響する要素も多いと思います。

ぜひ、大人の方にも本書を読んでいただき、人生の質を高める対人関係について学んでほしいと思います。今までそういう機会に恵まれなかった大人にとっては、自分自身の対人関係についても役立つかもしれないと思います。

本書の特徴は、そういう立場に置かれたら自分はどうする？　ということを書きこみ式で考えるようになっているところです。今現在自分が困っていなくても、想像力を育てることは、対人関係を豊かにしていくためにとても有用なことなのです。本書によって、多様な存在をお互いに認め合い、豊かな友情を育む子が増えれば嬉しいです。

また、昨今知られるようになった「自閉スペクトラム症」（非定型発達）の子にとっては、何でもわかり合うことだけでなく、一人の時間をもつことも重要だとわかってほしいです。本書を読んだ子が、「まったくピンとこない」というのであれば、その可能性は高いと思われます。そんなときはぜひ専門家を頼ってほしいのです。

本書の内容を吸収して、勇気と思いやりがある、そしてもちろん「生きづらさ」を感じない、すばらしい人間がたくさん育ってくれることを祈っています。

水島広子

保護者のかたへ

子どもの友だち付き合いや子育てについて相談できる窓口です。核家族化や少子化が進む中で、子どもとの関係に悩むかたは少なくありません。ご自身・ご家族にとって負担が少ないと感じられるものを選んで連絡してみてください。また、下記以外に各自治体でもさまざまな相談窓口が設けられています。お住いの市区町村のホームページを確認してみてください。

電話相談［子も保護者も可］

♥24時間子供SOSダイヤル［文部科学省］

0120-0-78310 ※24時間いつでも。

♥子どもの人権110番［法務省］

0120-007-110 ※平日午前８時半～午後５時15分

♥児童相談所虐待対応ダイヤル［厚生労働省］

189（局番なし） ※24時間いつでも。お住いの地域の児童相談所につながります。

♥よりそいホットライン［一般社団法人 社会的包摂サポートセンター］

0120-279-338 ※24時間いつでも。

（岩手・宮城・福島の各県からは）**0120-279-226**

♥親と子と教職員の教育相談室［日本教職員組合／一般財団法人 教育文化総合研究所／一般財団法人 日本教育会館共同設立団体］

03-3234-5799（e-mail：**e-soudan5799@jec.or.jp**）

※月・火・水・木・金・土　午前10時～午後４時（12時～午後１時は昼食休憩）

水・木のみ　夜間も午後５時～午後９時

相談料は無料ですが、通話料金がかかります。

http://www.jec.or.jp/soudan/soudan.html

♥こども相談室［一般社団法人 東京公認師協会］

03-3868-3626 ※日・火・水・金・土　午前10時～12時　午後１時～４時

相談料は無料ですが、通話料金がかかります。

https://www.tsccp.jp/k-s/

※2021年２月現在の情報です。

監修　水島広子（みずしま ひろこ）

慶應義塾大学医学部卒業、同大学院修了（医学博士）。摂食障害、気分障害、トラウマ関連障害、思春期前後の問題や家族の病理、漢方医学などが専門。「対人関係療法」の日本における第一人者。慶應義塾大学医学部精神神経科勤務を経て、民主党の公募・落下傘候補として2000年６月の衆議院選挙で栃木１区から初当選。2005年８月まで２期５年間をつとめる。衆議院議員在任中は、主に厚生労働委員会と青少年問題特別委員会に所属。衆議院青少年問題特別委員会筆頭理事、民主党「次の内閣」雇用担当大臣、民主党男女共同参画委員会委員長、次世代育成支援（少子化）対策プロジェクトチーム座長、超党派のチャイルドライン支援議員連盟事務局長などを歴任。野党の議員でありながら、児童虐待防止法の抜本的改正をはじめ、数々の法案などの修正に力を尽くし実現した。 二児の母。

マンガ　小豆だるま（こまめ だるま）

山形県出身。明治大学文学部を卒業後、高校の国語教師を経て、マンガ家・イラストレーターになる。もともとお笑い好きで、一時は「WAHAHA 本舗」の門を叩いたことも。自身の脱毛症体験から関連書籍も複数執筆している。著書に『日々ズレズレ』（小学館）、『私、ピカピカの一年生　打倒！円形脱毛症』（KADOKAWA）など。

引用・参考図書

『大人のための「困った感情」のトリセツ』水島広子（大和出版）
『「他人の目」が気になる人へ　自分らしくのびのび生きるヒント』水島広子（光文社）
『10 代のうちに知っておきたい折れない心の作り方』水島広子（紀伊國屋書店）
『10 代の子をもつ親が知っておきたいこと　思春期の心と向き合う』水島広子（紀伊國屋書店）
『つい、「気にしすぎ」てしまう人へ　こころの荷物をそっと降ろす本』水島広子（三笠書房）
『「自分の居場所がない」と感じたときに読む本』水島広子（かんき出版）

『叶恭子の知のジュエリー12ヵ月』叶恭子（理論社）／『わたしと小鳥とすずと―金子みすゞ童謡集』金子みすゞ（JULA出版局）／『名言　人生を豊かにするために』「座右の銘」研究会編（里文出版）／『「考える力」を育む　子どものための名言集』金田一秀穂監修（池田書店）／『水木サンの幸福論―妖怪漫画家の回想―』水木しげる（日本経済新聞出版）／『どんぐりのリボン』田辺聖子（講談社）／『心の疲れがすうっと消える老子　上善の言葉』宮下真（永岡書店）／『飲食男女―老子思想入門』福永光司　河合隼雄（朝日出版社）／『あなたを成功へと導く　名言 777』（永岡書店）／『エレガントな女性になる方法　オードリー・ヘップバーンの秘密』メリッサ・ヘルスターン　池田真紀子訳（集英社）／『カーネギー名言集』ドロシー・カーネギー編　神島康訳（創元社）／『「ありがとう」がエンドレス』田口ランディ（晶文社）／『ｉめぇ～る』田辺聖子（世界文化社）／「大勢の中のあなたへ」ひきたよしあき『朝日小学生新聞』内コラム（朝日学生新聞社）／『こども座右の銘　思考力と判断力、そして豊かな心を育む』「座右の銘」研究会編（メトロポリタンプレス）／『マザー・テレサ　日々のことば』ジャヤ・チャリハ＆エドワード・レ・ジョリー編　いなますみかこ訳（女子パウロ会）／『10代のための座右の銘』（大泉書店）／『あきらめない人生　寂聴茶話』瀬戸内寂聴（小学館）／『キン肉マン　第36巻』ゆでたまご（集英社）／『サミング・アップ』モーム　行方昭夫訳（岩波書店）

監修《かんしゅう》　水島広子（みずしま ひろこ）

慶應義塾大学医学部《けいおうぎじゅくだいがくいがくぶ》を卒業後《そつぎょうご》、精神科医《せいしんかい》に。2000年《ねん》から５年間《ねんかん》、衆議院《しゅうぎいん》議員《ぎいん》として政治家《せいじか》としても活躍《かつやく》。

どんな子《こ》だった？　小《しょう》２までは「ガキ大将《だいしょう》」的《てき》ながらまじめな生徒《せいと》でしたが、小《しょう》３のとき、担任《たんにん》への不信感《ふしんかん》からぐれるようになりました。成績《せいせき》だけはよかったですが、とにかく反抗《はんこう》に命《いのち》をかけていた（笑《わらい》）ので、通信簿《つうしんぼ》には「責任感《せきにんかん》は強《つよ》いが協調性《きょうちょうせい》に欠《か》ける」と書《か》かれていました。

マンガ　小豆だるま（こまめ だるま）

山形県出身《やまがたけんしゅっしん》。明治大学文学部《めいじだいがくぶんがくぶ》を卒業後《そつぎょうご》、高校《こうこう》の国語教師《こくごきょうし》を経《へ》て、マンガ家《か》・イラストレーターになる。大《だい》のお笑《わら》い好《ず》き。円形脱毛症《えんけいだつもうしょう》になったことをきっかけに、カツラ生活《せいかつ》をつづったマンガをかく。

どんな子《こ》だった？　人《ひと》を笑《わら》わせることに命《いのち》をかける子《こ》どもでした。目指《めざ》すは「一日一笑《いちにちひとわら》い」！ 狙《ねら》うは優勝《ゆうしょう》よりも特別賞《とくべつしょう》！ 学校《がっこう》でエネルギーを使《つか》い果《は》たすため、家《いえ》ではねてばかり…。親《おや》にはよくおこられていましたが、自分《じぶん》なりの目標《もくひょう》をもった小学校生活《しょうがっこうせいかつ》を送《おく》っていました。

【スタッフ】
編集協力　板谷路子
本文デザイン　加藤朝代（編集室クルー）
装丁デザイン　鈴木大輔・江﨑輝海（ソウルデザイン）
校正　くすのき舎

10才《さい》からの友《とも》だちとのつき合《あ》い方《かた》

2021年 4月10日　第1刷発行
2024年 1月10日　第4刷発行

監　修　水島広子
マンガ　小豆だるま

発行者　永岡純一
発行所　株式会社永岡書店
〒176-8518　東京都練馬区豊玉上1-7-14
（代表）03-3992-5155　（編集）03-3992-7191

印刷・製本　クループリンティング

ISBN978-4-522-43831-2　C8076

もやん